第二の認知症

レビー小体型認知症がわかる本

川畑 信也 著
八千代病院　神経内科部長
愛知県認知症疾患医療センター長

法研

はじめに

レビー小体型認知症は、アルツハイマー型認知症に次いでよくみられる認知症の原因疾患です。幻視やパーキンソン症状をはじめとする多彩な症状が出現し、介護をする家族や周囲の人々が大変困る、悩む、困惑することが多い病気ともいえます。レビー小体型認知症患者さんを介護するためにはその病気を正しく理解することから始まります。そして、患者さんが示すいろいろな症状や状態に対して上手な介護、適切な対応を行うことが介護する家族や周囲の人々に求められるのです。上手な介護、適切な対応によってレビー小体型認知症患者さんは、家族と一緒に在宅での生活を継続することができるのです。

本書は、レビー小体型認知症患者さんを介護している家族や周囲の人々のために、病気の特徴から多彩な症状への対応、薬物療法・非薬物療法の実際、利用できる公費負担医療制度などについてわかりやすく解説したものです。レビー小体型認知症患者さんの介護で困ったとき、本書のなかの該当する部分を読んでいただけると、その解決策がきっと見つかると思います。レビー小体型認知症患者さんの介護は長い旅路となりますが、あせらず、あきらめず、一歩一歩みんなで協力して介護を進めていきましょう。

川畑　信也

もくじ

パート1 知っておきたい レビー小体型認知症のこと

パート2 事例から考える 対応と対策（15事例収録）

パート3 家族の疑問や悩みごとに関するQ&A

パート 1

知っておきたい
レビー小体型認知症のこと

認知症とはどのような状態なのか

認知症は3つの事柄で定義されています

新聞や雑誌などで認知症という言葉をしばしば見かけますが、この認知症とはいったいどのような状態を指す言葉なのでしょうか？　認知症は下の【図1】に示す3つの事柄で定義されています。

まず、一度獲得された知識や技能、つまり知的機能がなんらかの原因によって低下することが必須条件となっています。私たちは、学校や

【図1】　認知症の3つの定義

認知症とは？

↓

一度獲得された知的機能が
なんらかの原因によって低下すること

↓

知的機能の低下によって社会生活や家庭生活、
職業上で支障をきたすこと

↓

意識障害がないこと

家庭、社会生活を送るなかでいろいろな知識や技能（スキル）を学び身につけていきます。たとえば、千円と一万円ではどちらがたくさん物を買うことができるか、駅でどうやって切符を買ったらよいかなどの知識や技術を習得しているのです。認知症になるとこの一度獲得した知識や技術などが低下してくるのです。しかし、低下イコール認知症ではありません。

認知症と診断するためには、知的機能の低下によって社会生活や家庭生活、職業上で支障をきたすことが2つめの条件となります。

たとえば、50歳代の銀行員がお金の計算をすることができない状態になると銀行内での仕事に支障をきたしてきます。60歳代の現役の主婦で料理の作りかたがわからなくなると家庭生活に支障が出てくることになります。このように生活に障害あるいは重大な支障が出てくる段階になったときに認知症との診断がなされるのです。

歳を重ねると誰でもしまい忘れやおき忘れなどのもの忘れ症状を自覚してきます。しかし、もの忘れイコール認知症ではないのです。もの忘れ症

状によって、社会生活や家庭生活に支障をきたしてきたときにはじめて認知症が疑われることになるのです。

3つめは意識が清明でなければ認知症との診断はできません。意識がはっきりしないときには認知機能（記憶や日時、場所の認識など）を正しく評価することができないのです。

この3つの条件が満たされるときにはじめて認知症と診断されるわけですが、認知症の原因となる病気にはどのようなものがあるのでしょうか。【図2】は、もの忘れの心配、認知症の疑いなどで、もの忘れ外来を受診してきた4336名の初診時の診断内訳を示したものです。アルツハイマー型認知症と診断された方が

【図2】 **もの忘れ外来 4336 名の臨床診断内訳**

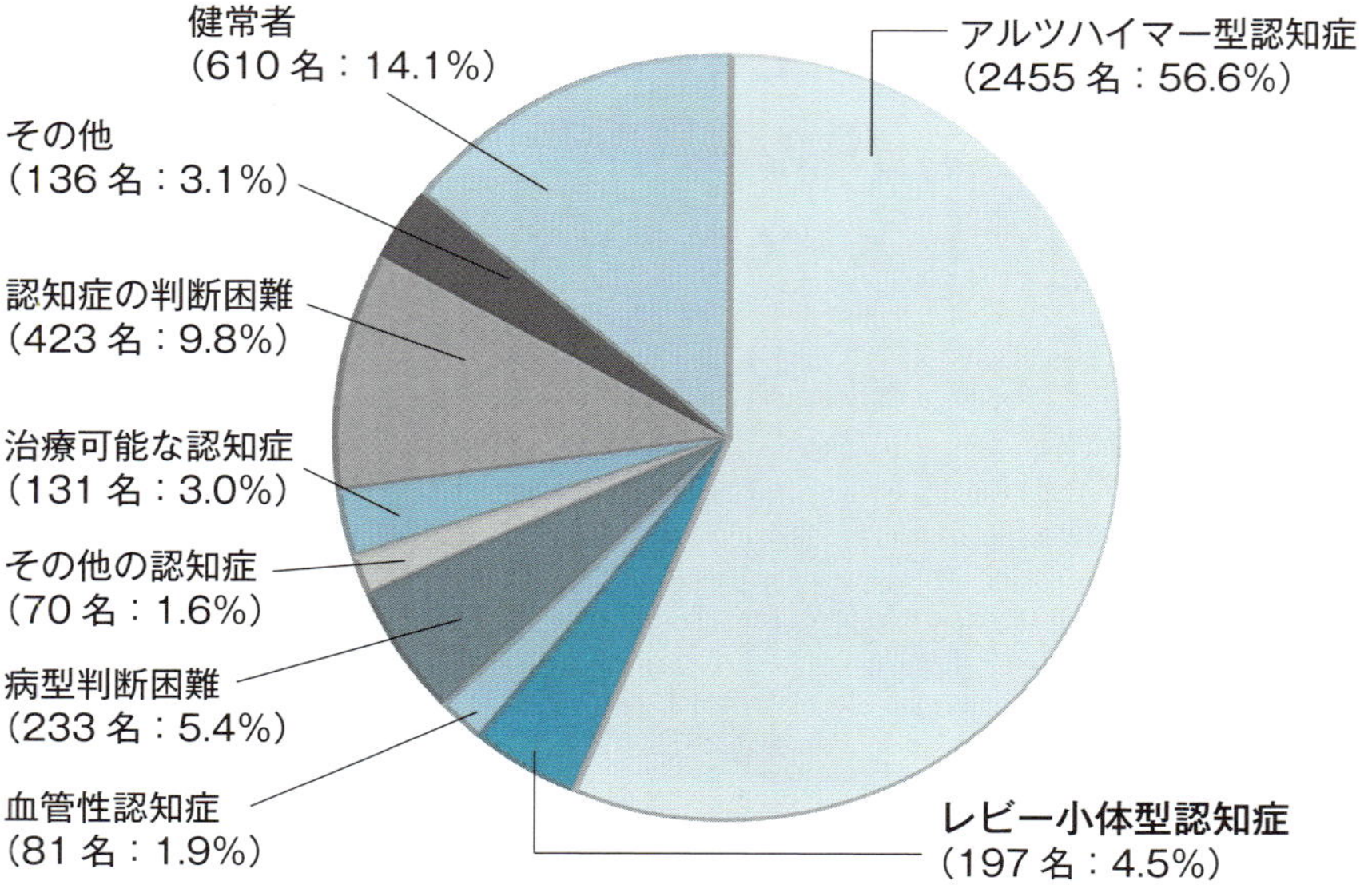
健常者
(610 名：14.1%)
アルツハイマー型認知症
(2455 名：56.6%)
その他
(136 名：3.1%)
認知症の判断困難
(423 名：9.8%)
治療可能な認知症
(131 名：3.0%)
その他の認知症
(70 名：1.6%)
病型判断困難
(233 名：5.4%)
血管性認知症
(81 名：1.9%)
レビー小体型認知症
(197 名：4.5%)

八千代病院・愛知県認知症疾患医療センター
2008 年 8 月～2018 年 9 月

6割近くを占めています。次いで本書のテーマとなっているレビー小体型認知症が4.5%となっています。つまり、もの忘れを主訴に受診してきた20名にひとりがレビー小体型認知症と診断をされていることになります。認知症を生じる原因として、アルツハイマー型認知症ならびに血管性認知症、レビー小体型認知症が3大原因疾患といわれています。

ひとロメモ

認知症とレビー小体型認知症の違いは？

認知症は病名ではありません。ひとつの状態（医学的には病態と呼ばれます）を指す医学用語です。認知症を起こす原因はたくさんあるのですが、そのひとつにアルツハイマー型認知症あるいはレビー小体型認知症があります。つまり、レビー小体型認知症という脳の病気が原因となって、認知症という状態（結果）を起こしていると理解するとよいでしょう。

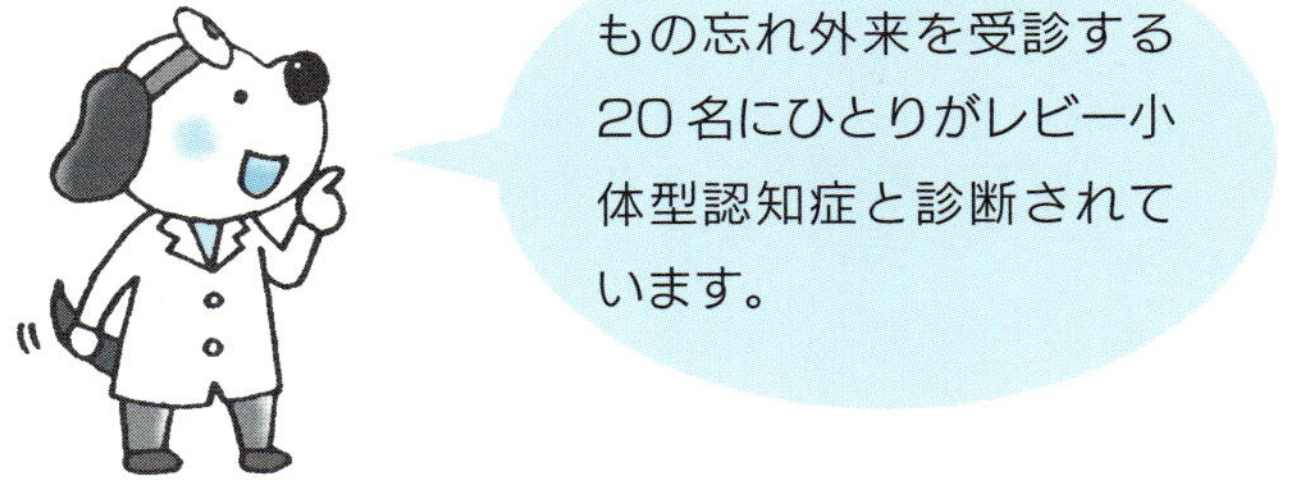
もの忘れ外来を受診する20名にひとりがレビー小体型認知症と診断されています。

中核症状、周辺症状の2種類がある

中核症状と周辺症状を分けて考えましょう

認知症を理解する際、中核症状と周辺症状とに分けて考えると症状を理解しやすいと思います【図3】。

中核症状とは、脳の神経細胞が壊れることで生じてくるもので、ある認知症疾患に共通して出現してくる症状です。

たとえば、アルツハイマー型認知症ならば、記憶障害に見当識障害（日時や場所、人物の認識ができなくなる）、失語《しつご》（言葉が出てこない）、

【図3】 レビー小体型認知症の中核症状と行動・心理症状（BPSD）

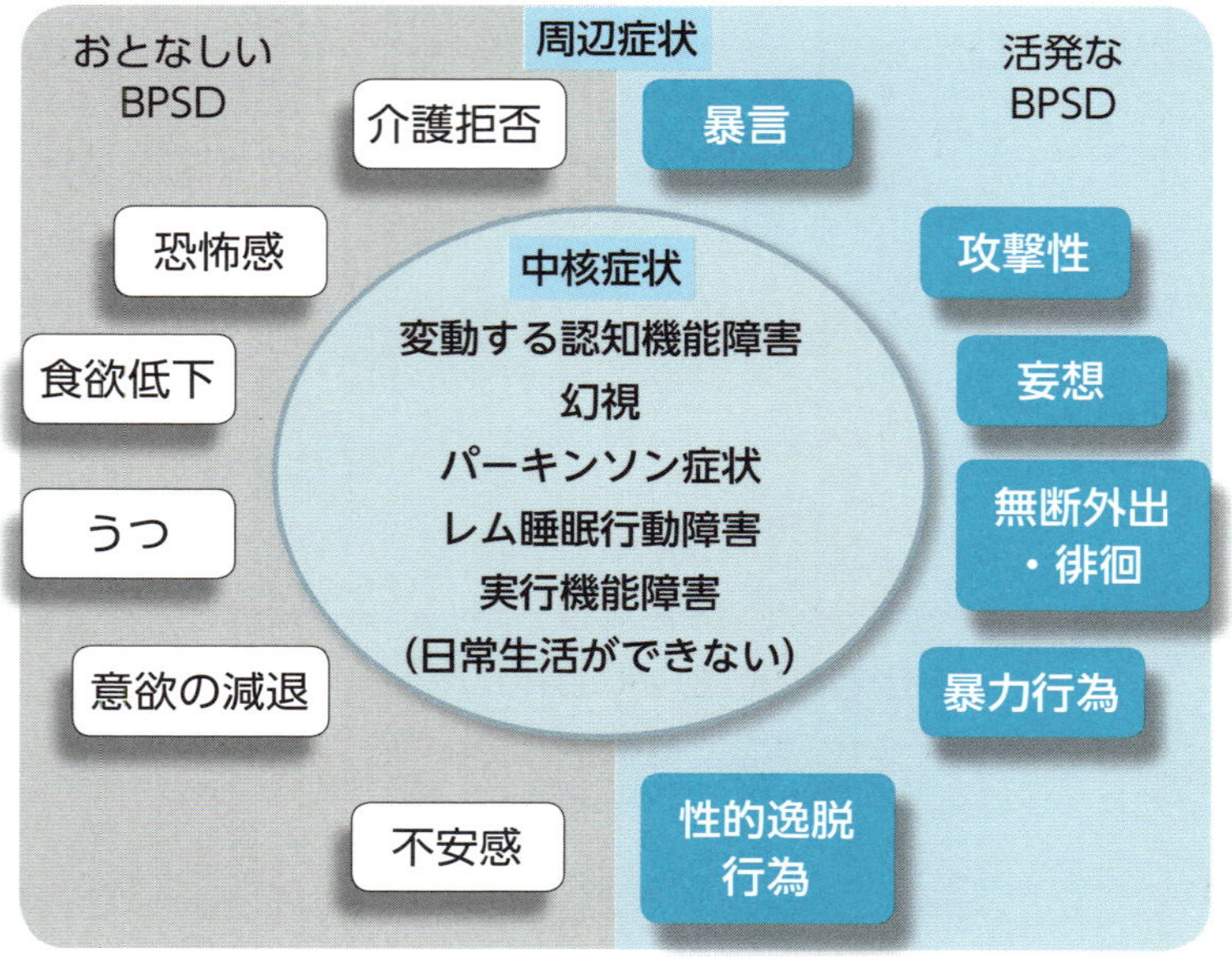

失行《しっこう》（行為が上手にできない）、失認《しつにん》（認識をすることができない）などが中核症状となります。

いっぽう、レビー小体型認知症では、幻視《げんし》やパーキンソン症状、レム睡眠行動障害などが中核症状となっています。

周辺症状とは、中核症状を背景にその患者さんの生活歴や病前性格、家族との関係性、身体疾患の有無などが複雑に組み合わさって出現してくる多彩な行動障害あるいは精神症状を指しています。この周辺症状は、患者さんごとに出現する症状が異なってきます。

アルツハイマー型認知症ならば、もの盗られ妄想や、徘徊《はいかい》、性的逸脱行為、暴力行為などが周辺症状として代表的なものとなります。レビー小体型認知症でも、もの盗られ妄想や被害妄想、不安症状、睡眠障害などが家族を困らせる周辺症状になるかと思います。

これらの周辺症状は、別名で行動・心理症状（BPSD）などとも呼ばれることがあります。

周辺症状は、別名「行動・心理症状（BPSD）」とも呼ばれます。

＊ BPSD ＝ Behavioral and Psycological Symptoms of Dementia の略称

介護者の負担がより大きいのは周辺症状

認知症患者さんの介護を進めるうえで困るのは、じつはこの周辺症状なのです。とくにもの盗られ妄想や徘徊、興奮、攻撃性、夜間の睡眠障害、性的逸脱行為などは解決に苦慮する症状となってきます。レビー小体型認知症でも患者さんが訴える幻視や幻聴、被害的な妄想、不安症状、うつ、焦燥感（イライラする気分）などへの対策が重要な課題になってきます。

【図4】は、認知症の3大原因疾患となるアルツハイマー型認知症とレビー小体型認知症、血管性認知症でみられる行動・心理症状（BPSD）の出現頻度を示したものです。レビー小

【図4】 病型別にみた行動・心理症状 BPSD の出現頻度

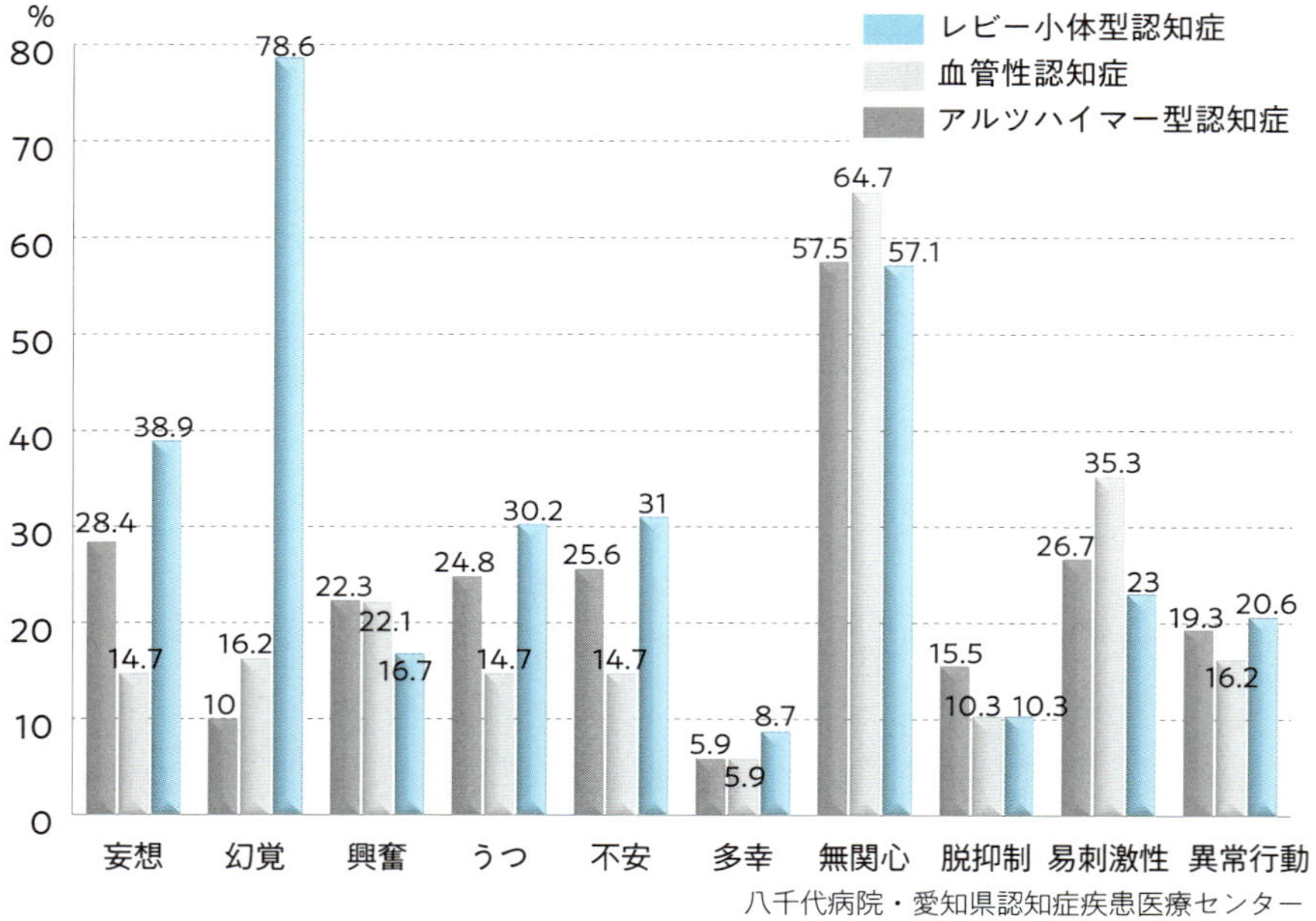

八千代病院・愛知県認知症疾患医療センター

体型認知症は、他のふたつの病気に比べて妄想や幻覚（幻視や幻聴など）が出現しやすいことがわかります。また、うつや不安も多いと思います。ちなみに認知症の原因疾患として最も多いアルツハイマー型認知症の早期症状は、しまい忘れやおき忘れなどのもの忘れ（記憶障害）と日時の把握の混乱（何回も日にちや曜日を聞いてくる）、怒りっぽい（易《い》怒《ど》性《せい》）、自発性の低下・意欲の減退の４つです。

ひと口メモ

活発な行動・心理症状が介護には負担になる！

行動・心理症状のなかで妄想や徘徊、暴力行為などのように活発な症状は介護する家族にとって心理的・精神的に負担の大きい症状といえます。介護の原則は、これらの行動・心理症状を起こさない対応や接しかたです。そのためには、レビー小体型認知症についての正しい知識を身につけておくことが重要となります。

レビー小体型認知症は、
妄想や幻覚が現れやすい
のが特徴です。

レビー小体型認知症と気づくきっかけは？

周囲の人々が最初に気づく症状は、もの忘れや幻視です

レビー小体型認知症は、脳の神経細胞内にレビー小体という異物が沈着することで発症する認知症疾患のひとつです。レビー小体は、神経細胞の中にみられる異常な円形状の構造物を指しています。おもに、α《アルファ》-シヌクレインでできており、パーキンソン病やレビー小体型認知症の脳にしばしばみられるものです。

では、家族や周囲の人々が最初に気づく症状にはどのようなものがあるのでしょうか。次の【図5】は、もの忘れ外来を受診し、レビー小体型認知症と診断された194名で家族が気づいた初発症状を示したものです。

レビー小体型認知症では、幻視が特徴的な症状といわれていますが、実

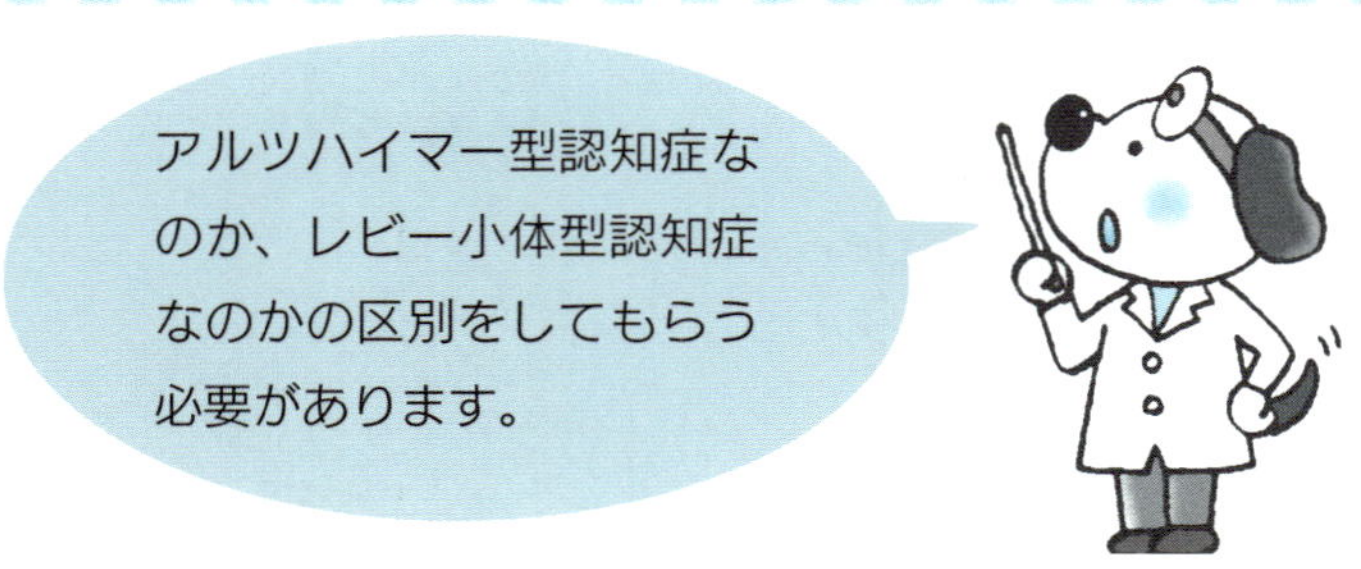
アルツハイマー型認知症なのか、レビー小体型認知症なのかの区別をしてもらう必要があります。

際にはアルツハイマー型認知症と同じようにもの忘れ（記憶障害）で気づかれる場合が最も多いのです。しまい忘れやおき忘れ、同じことを何回も言うなどのもの忘れがおもな症状となっている患者さんの場合には、認知症専門医療機関でアルツハイマー型認知症かレビー小体型認知症なのかの区別をしてもらわないとならないのです。

次いで、幻視で気づかれる患者さんが3人にひとりみられます。パーキンソン症状で気づかれる患者さんは10％前後です。パーキンソン症状としては、動作が遅くなってきた（たとえば、一緒に散歩をしていると患者さんだけ遅れてくる）、転びやすくなった、手が細かく震え

【図5】　レビー小体型認知症：家族が気づいた初発症状

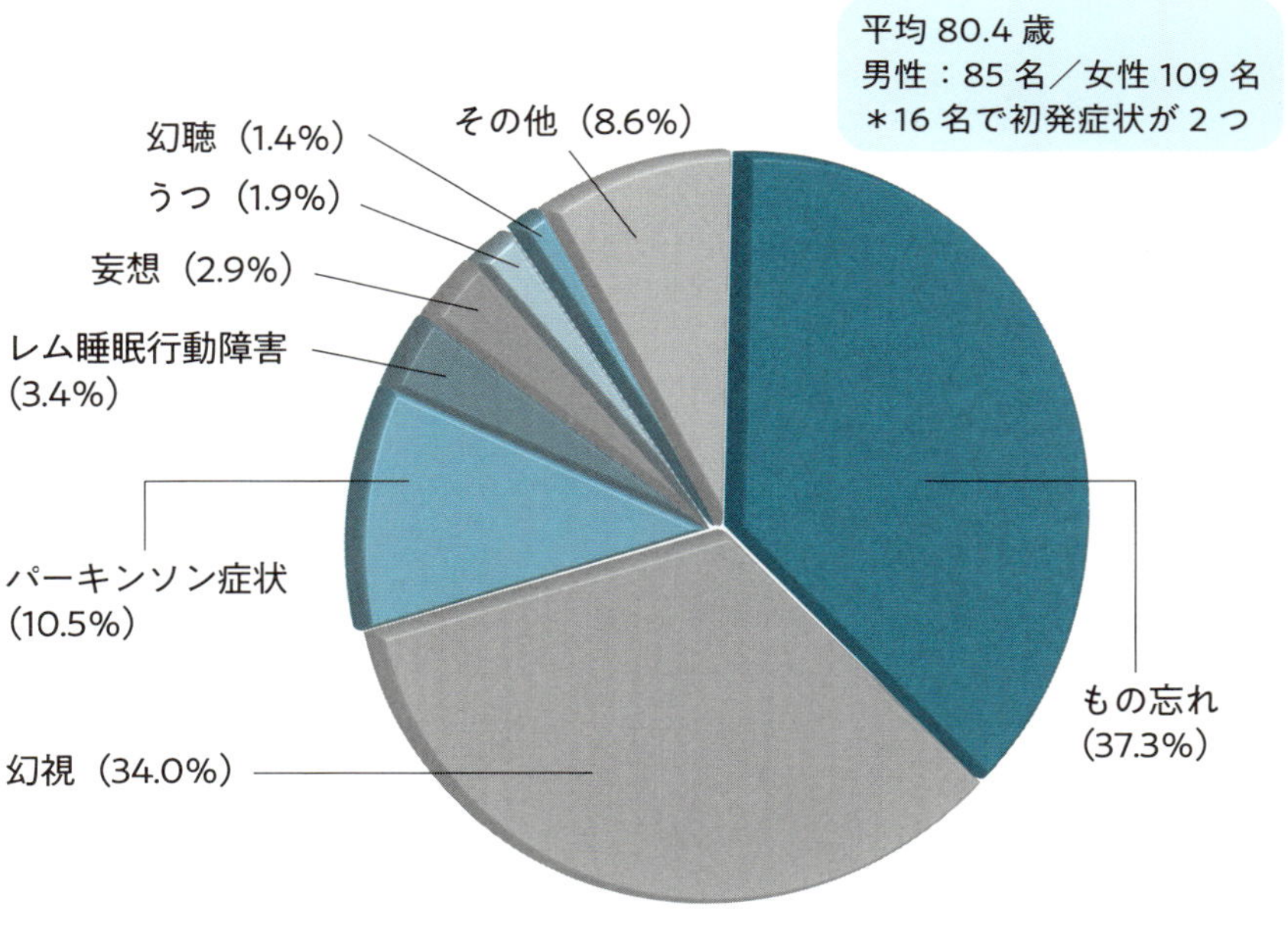
平均 80.4 歳
男性：85 名／女性 109 名
＊16 名で初発症状が 2 つ
幻聴（1.4％）
うつ（1.9％）
妄想（2.9％）
レム睡眠行動障害（3.4％）
パーキンソン症状（10.5％）
幻視（34.0％）
その他（8.6％）
もの忘れ（37.3％）

八千代病院・愛知県認知症疾患医療センター
2011 年～2018 年

るなどがよく気づかれる症状です。これら以外にもレビー小体型認知症は多彩な症状を呈してくる病気です。妄想やうつ状態、不安症状、幻聴などの精神症状が初発症状になることもあるので注意が必要です。

レビー小体型認知症での各症状の出現頻度は？

では、レビー小体型認知症と診断された患者さんはどのような症状をもっているのでしょうか。

下の【図6】に病院でレビー小体型認知症と診断された194名が示していた各症状の出現頻度を示しました。

8割の患者さんでは、初診の段階で幻視がみ

【図6】 レビー小体型認知症における各症状の出現頻度（初診時）

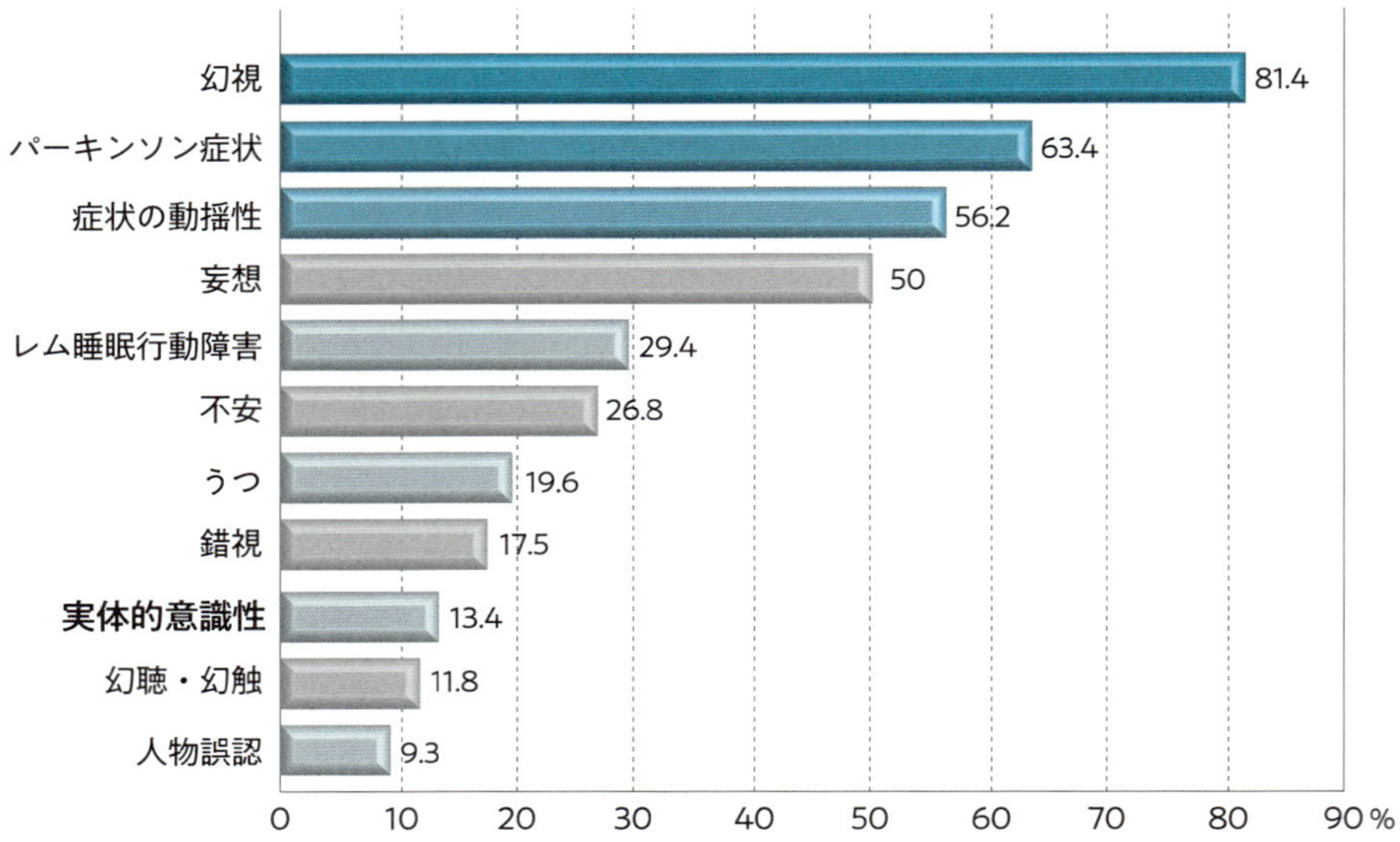
幻視 81.4
パーキンソン症状 63.4
症状の動揺性 56.2
妄想 50
レム睡眠行動障害 29.4
不安 26.8
うつ 19.6
錯視 17.5
実体的意識性 13.4
幻聴・幻触 11.8
人物誤認 9.3
0 10 20 30 40 50 60 70 80 90 %

八千代病院・愛知県認知症疾患医療センター
2011 年～2018 年

られています。パーキンソン症状が6割強、症状の動揺性を示す患者さんが5割強でみられています。

実体的意識性という項目がありますが、これは、「誰かがいるのではないか」とその気配を感じる状態を意味する用語です。

レビー小体型認知症の患者さんのなかには「2階に誰かがいる気配を感じる」「玄関先に誰かが来ている気がするから見てきて」などと訴えることがあります。これが実体的意識性と呼ばれる状態なのです。この症状はレビー小体型認知症でしばしばみられ、この症状があるとレビー小体型認知症の可能性が非常に高いと思われます。

家族は、患者さんが幻視や幻聴、妄想などを訴え始めたとき、当然おかしい、変だなと感じると思います。70歳を超えた高齢者にこのような幻視や幻聴、妄想などがみられるときにはレビー小体型認知症の可能性があることから、認知症専門医療機関を受診するとよいでしょう。

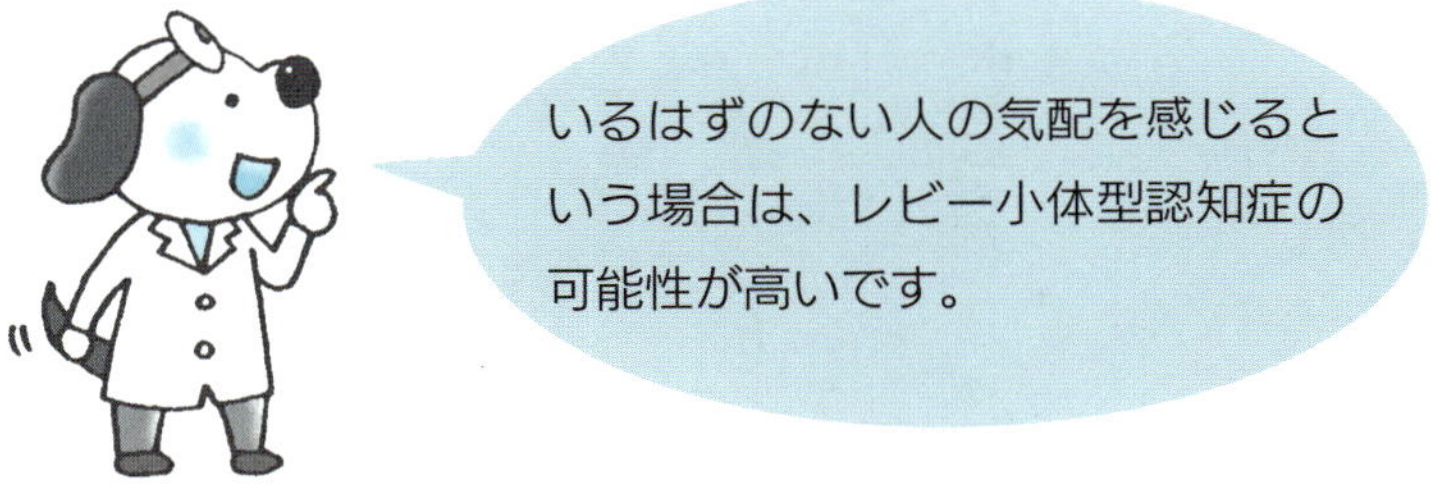
いるはずのない人の気配を感じるという場合は、レビー小体型認知症の可能性が高いです。

レビー小体型認知症が疑われる場合

もの忘れ外来の受診者の20名にひとりがレビー小体型認知症と診断されています

一般的には、レビー小体型認知症は全認知症患者さんの2割から3割を占めるといわれていますが、実際にはもの忘れ外来を受診する患者さん全体の5％前後と考えてよいかと思います【図7】。

つまり、もの忘れが心配で医療機関を受診する20名にひとりの割合でレビー小体型認知症と診断される患者さんがいることになります。アルツハイマー型認知症に比べると決して多い病気とはいえないのですが、幻視やパーキンソン症状などの特徴的な症状がみられることから介護を進めるうえで重要な病気になるかと思います。

では、レビー小体型認知症の患者さんはどのようにして医療機関を受診

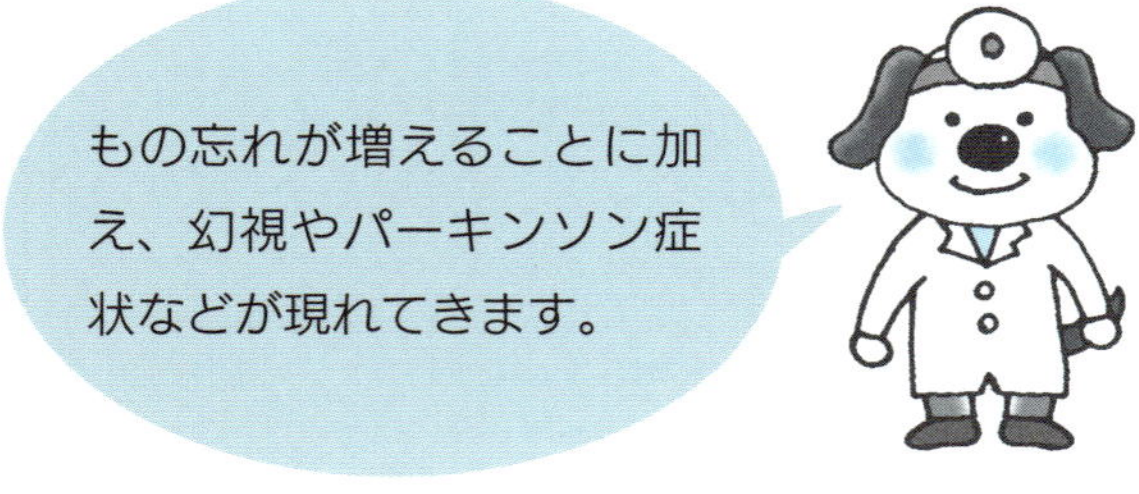
もの忘れが増えることに加え、幻視やパーキンソン症状などが現れてきます。

してくるのでしょうか。これには3つのパターンがあるようです。

医療機関受診のきっかけには3つのパターンがあります

まず幻視がみられることから家族がびっくりして医療機関に連れてくる場合です。家族のひとりが「自宅に見知らぬ人間がたくさん来てご飯を食べている」「ベッドに犬や猫が寝ているので私が寝るところがない」などと言い出したら家族は驚いて、なにか病気になったのではないかと考えるのは当然のことでしょう。

2つめのパターンは、家族がインターネットなどで患者さんの状態を調べた結果、レビー小体型認知症ではないかと疑い受診してくる場合

【図7】　もの忘れ外来受診者数におけるレビー小体型認知症の割合

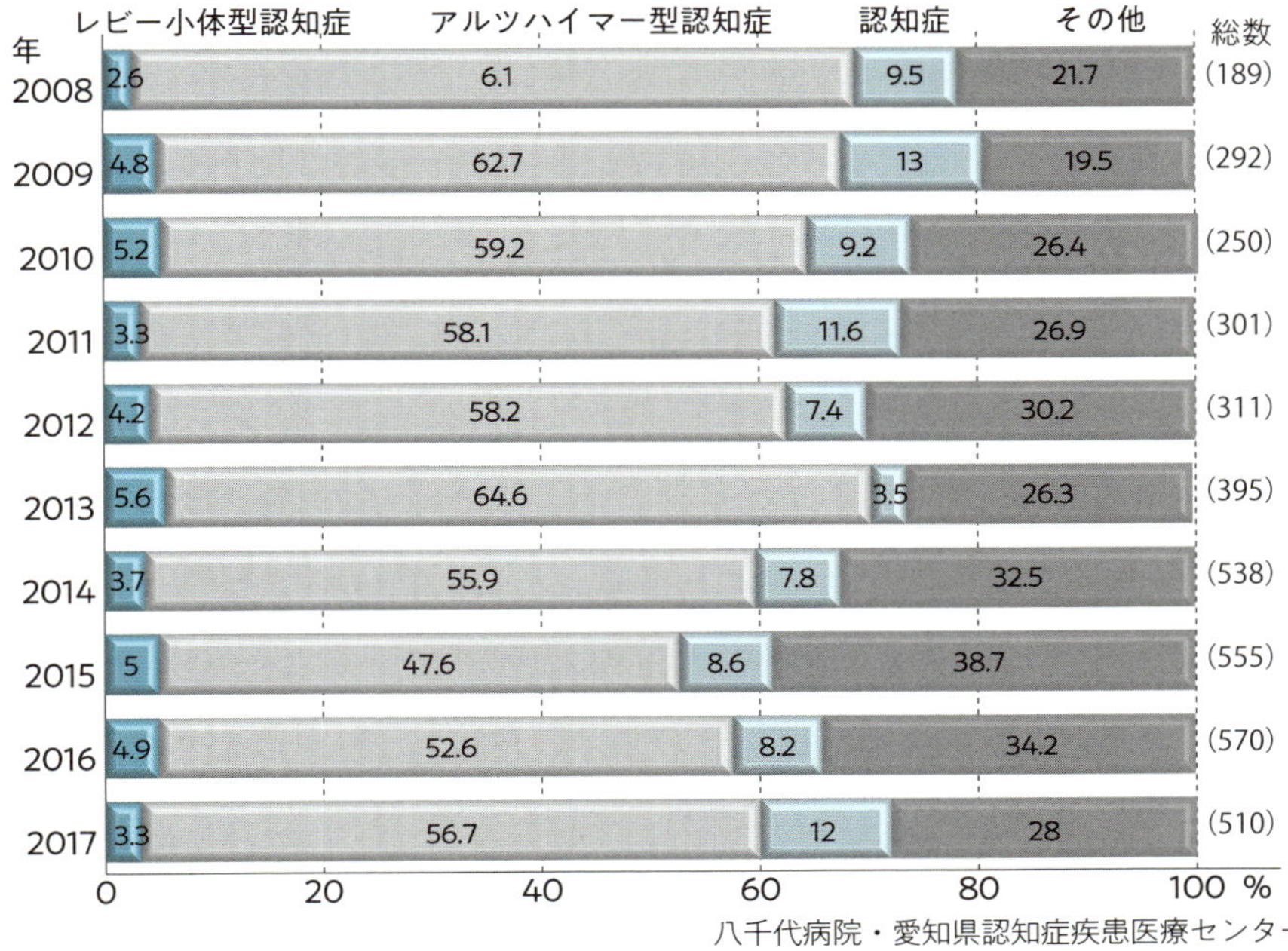
レビー小体型認知症
アルツハイマー型認知症
認知症
その他
総数
年
2008 2.6 6.1 9.5 21.7 (189)
2009 4.8 62.7 13 19.5 (292)
2010 5.2 59.2 9.2 26.4 (250)
2011 3.3 58.1 11.6 26.9 (301)
2012 4.2 58.2 7.4 30.2 (311)
2013 5.6 64.6 3.5 26.3 (395)
2014 3.7 55.9 7.8 32.5 (538)
2015 5 47.6 8.6 38.7 (555)
2016 4.9 52.6 8.2 34.2 (570)
2017 3.3 56.7 12 28 (510)
0 20 40 60 80 100 %

八千代病院・愛知県認知症疾患医療センター

です。もの忘れと幻視をキーワードにインターネットで検索するとレビー小体型認知症の項目がたくさん出てきます。この場合にはレビー小体型認知症の典型的な症状がそろっていることが多いと思います。

3つめに、もの忘れが心配、認知症ではないかと家族が疑い、医療機関を受診した結果、幻視やパーキンソン症状の存在が明らかとなりレビー小体型認知症と診断される場合です。このパターンではアルツハイマー型認知症との鑑別が問題になります。

まず認知症疾患医療センターを受診しましょう

認知症あるいはレビー小体型認知症が疑われる、あるいは心配と考えるとき、どの診療科を受診したらよいのでしょうか。

レビー小体型認知症は、多彩な症状を示すこと、アルツハイマー型認知症にくらべて診断が難しいこと、特殊な検査が必要になる場合があることなどから、できるならば認知症専門医療機関、とくに認知症疾患医療セン

レビー小体型認知症の診断は難しいので、認知症専門の医療機関を受診することが早道となるでしょう。

ターを受診するのがよいと思います。

最寄りの認知症疾患医療センターは、都道府県のホームページにて「〇〇県　認知症疾患医療センター」と検索すると、その都道府県の認知症疾患医療センターの名前が出てくると思います。認知症疾患医療センターが近くにない場合には、主として脳神経内科あるいは精神神経科が診療を行っている総合病院のもの忘れ外来を受診するとよいでしょう。

ひと口メモ

レビー小体型認知症は精神疾患と間違えられやすい！

レビー小体型認知症は、幻覚や妄想、うつ、不安などの精神症状が目立つことから統合失調症やうつ病などの精神疾患と間違えられやすいことがあります。

医療機関を受診する際には認知症専門医療機関を受診するようにしたいものです。

認知症疾患医療センターが近くに見つからない場合は、総合病院がもの忘れ外来を行っていないか探してみてください。

レビー小体型認知症には4つの症状がある

ほかの認知症との違いを知っておくことが大切です

レビー小体型認知症の主要な症状は4つです【図8】。以下、この4つの症状について解説を進めていきます。

❶ 変動する認知機能障害

レビー小体型認知症も認知症のひとつのタイプですから、当然認知機能障害がみられることが必須条件となります。ただし、その認知機能障害には大きな特徴があります。それは調子の

【図8】 レビー小体型認知症の4つのおもな症状

良いときと悪いときが目立つことです。たとえば、朝起きたときや昼寝をしたあとにはとても調子が悪いのですが数時間するとしっかりしてくる、同じ薬を飲んでいるのに調子の良いときと悪いときが明らかであるなど、認知機能障害の良し悪しが1日の中で、あるいは月単位で大きく変動することがレビー小体型認知症の特徴とされています。また、著しいあるいは持続的な記憶障害は初期に目立たないこともありますが、病期の進行にしたがって記憶障害が明らかとなってくることが多いといわれています。

❷ 体系化され具体的な内容の幻視

いない人間や動物、物などが見える「幻視」はレビー小体型認知症の症状の中でもとくに目立つものです。これについては次項（↓26ページ）でくわしく解説をします。

❸ レム睡眠行動障害

聞き慣れない言葉ですが睡眠障害のひとつのタイプです。少し難しいお

認知機能が良いときと悪いときの差が激しくなるのも特徴のひとつです。

話になりますが、私たちは寝ているときにレム睡眠とノンレム睡眠をくり返しながら睡眠をとっています。このレム睡眠のときには身体は骨格筋が弛緩《しかん》して休息状態にあるのですが、脳は活動して覚醒状態になっています。この睡眠時に夢を見ることになるのです。通常であれば夢で見たことを実際の行動に起こすことはないのですが、レム睡眠行動障害は何らかの原因で筋緊張の抑制が障害されるために、夢で見たことがそのまま行動になってしまう状態を指しています。

具体的には、睡眠中に大声を出したり大笑い・罵声をあげたりします。同時に手を伸ばす、周囲の物をつかんだり叩いたりする、横で寝ている人を叩く、殴る、蹴っ飛ばす、さらにベッドから飛び上がる、室内を歩き回るなどの行動障害がみられます。この状態をレム睡眠行動障害と呼んでいます。

❹ パーキンソン症状

手足の震え（振戦《しんせん》）や動作緩慢、小股歩行、転びやすいなどの運動障害

レム睡眠とは、眠っているのに眼球がぴくぴく動く、Rapid Eye Movement が起こっている浅い睡眠です。

がみられ、いわゆるパーキンソン病と同じ症状が出現してきます。ただし、レビー小体型認知症でみられるパーキンソン症状では振戦は少ないとされ、動作が遅くなる、表情が乏しい、転びやすい、歩行障害がしばしばみられる症状といえます。

これらの4つの症状のなかで2つ以上の症状がそろうときにはレビー小体型認知症の可能性が高くなります。幻視を訴える、あるいは転びやすい（パーキンソン症状由来）、寝言・寝相がひどいときには、レビー小体型認知症の存在を疑うようにしたいものです。

ひとロメモ

レム睡眠行動障害があればレビー小体型認知症！

レム睡眠行動障害は、レビー小体型認知症に特徴的な症状といわれています。もの忘れのある患者さんでレム睡眠行動障害がみられる場合にはまずレビー小体型認知症と考えてよいでしょう。アルツハイマー型認知症ではまずみられない症状なのです。

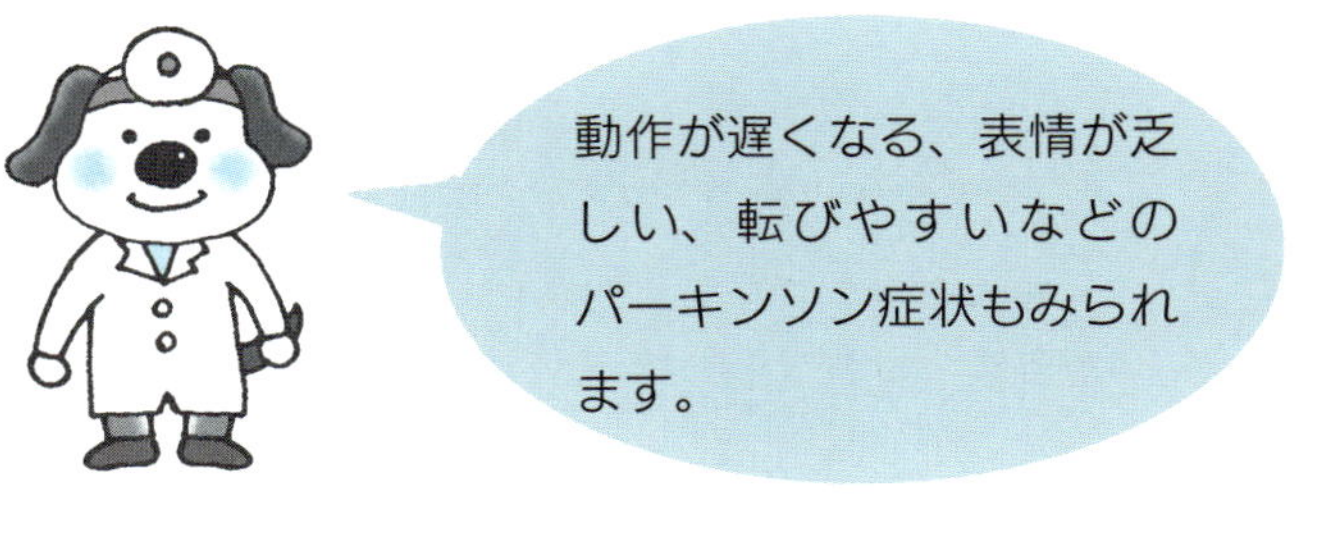
動作が遅くなる、表情が乏しい、転びやすいなどのパーキンソン症状もみられます。

レビー小体型認知症に特有な幻覚症状

幻覚は初期からしばしばみられる症状です

「幻覚」は、実際に存在しないものが見えたり聞こえたりする状態を指す医学用語です。この幻覚は五感すべてにみられ、幻視あるいは幻聴、幻触、幻味、幻臭などに分類されています。

❶幻視

実際には存在しない人間や動物、物などが見えると訴える症状です。レビー小体型認知症では初期からしばしばみられる症状です。見える

レビー小体型認知症でみられる幻視（自験例）

トイレの中に大きな虫がいる。

ドジョウくらいの虫が１匹見える。

風呂場で水滴がミミズに見える。

(82 歳　男性)

室内に見知らぬ人がいた。
誰かがいる気がする。
(71 歳　男性)

自宅に見知らぬ人間が２人見える。

「妻の後ろに息子が立っている」

と言い張る。

(85 歳　男性)

ものは、見知らぬ人間や子ども、動物のことが多く、動きを伴っていたり小さく見えたりします。死んだ配偶者や、両親が見えることもあります。人間が見える場合、顔がはっきりしない、性別がわからない、ぼんやり人間のようなものが見えるなどと訴え、全体像が不鮮明なことが多いようです。

また、患者さんがその幻視に向かって話しかけても幻視はまず声を出すことはありません。ですから余計、患者さんは不安や恐怖感をもつようになるのです。幻視のある患者さんでは、その幻視に向かって話しかけたりお茶を出そうとする行動を示したりすることもあります。

対応の原則は、患者さんの訴えを肯定的に傾聴し共感する姿勢を示すことです。家族や周囲

「室内に変な人がいる」と追い払う動作を示す。
（76歳　女性）

室内に誰だかわからないが人が立っている。
顔ははっきりしないが人間のようである。
（83歳　男性）

夜、部屋の隅に動物がみえる。犬のようにも見えるし猫かもしれない。
見知らぬおじいさんがそこにいる。
（79歳　男性）

お遍路さんが家に来ているのが見える。
離れて暮らしている息子が訪ねてきた。
（72歳　男性）

の人々が「きちんと患者さんの訴えを聞いていますよ」とのメッセージを発信することが大切になってきます。これを行うことで、何かおかしなものが見えると感じている患者さんの不安や恐怖感は軽減していくのです。反対に不適切な対応は、患者さんの訴えを頭ごなしに否定するあるいは叱りつける、無視する態度です。

レビー小体型認知症でみられる幻視は、抗認知症薬のドネペジル（商品名：アリセプト）の服薬によって消失あるいは軽減することがあるので、正しい診断を受けて薬を処方してもらうのもよいでしょう。

❷ 幻聴

実在していない声や、物音が聞こえる症状で

79歳、男性患者さんが訴えた幻視の例

- □寝室に若い人間、子ども、犬が見える（妻に見えないかと尋ねる）
- □知らない人間がコタツのまわりにたくさんいる、「どなたですか」と聞いても返事をしない
- □「今朝、応接間に大勢の人間がいたのに、今はいなくなったが帰ったのか」と尋ねてくる
- □応接間に男が寝ている。その男が自分が寝ている布団に入ってきて、自分が布団の端に寝ていると、いつのまにかその男は消えてしまう
- □便器に金魚がいるのが見える
- □妻をお手伝いのおばさんと誤認しており、妻に向かって「妻が心配しているから家まで（私を）送ってくれないか」と尋ねる

す。レビー小体型認知症では、幻視ほどではありませんが、ときおりみられるものです。「誰かはわからないが人の声が聞こえる」「どこだかわからないが遠くで自分の悪口を言っているのが聞こえる」などと訴えます。幻聴が原因となって夜間の不眠を生じることもあります。

幻聴があると患者さんはとても不安がることから、何かに取り憑《つ》かれたのではないかと家族は困惑するかもしれません。また、聞こえる声の命令に従って患者さんが困った行動を起こす場合もあります。たとえば、「2階にある衣服を窓から投げ捨てろ」との声に従って衣服を投げ出してしまう、あるいは「～に出かけろ」との声によって無断外出してしまう患者さんがみられ家族を悩ませることになります。

❸ 幻触・幻味・幻臭

実在していないものが触れたり、味がしたり、におったりするものですが、レビー小体型認知症を含む認知症疾患でみられることは非常に稀《まれ》といえます。このような幻覚もあるくらいに理解しておくだけでよいでしょう。

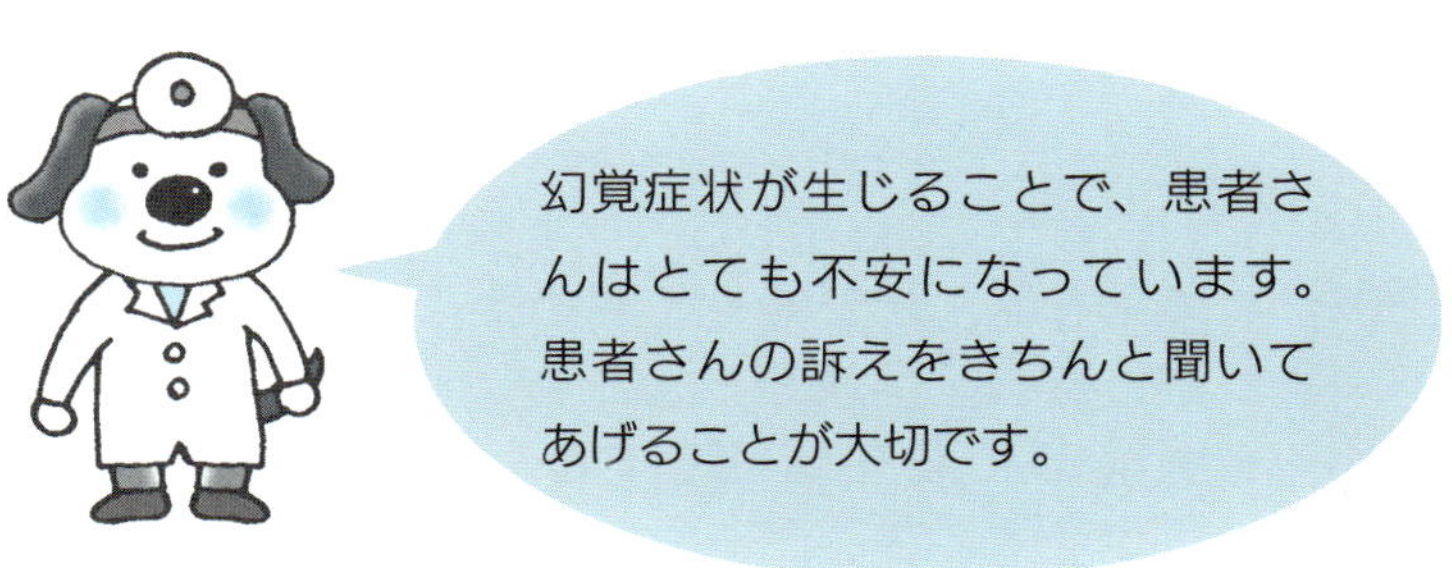
幻覚症状が生じることで、患者さんはとても不安になっています。患者さんの訴えをきちんと聞いてあげることが大切です。

幻視以外に出現する視覚認知障害

錯視、変形視、人物誤認などの視覚認知障害もあります

レビー小体型認知症では、幻視以外にも視覚に関連したいろいろな症状が出現してきます【表1】。

幻視や誤認を元にしてさらに妄想に発展する場合もあります。

たとえば、「自宅に別の人間が住んでいる、生活している」などと述べる〝幻の同居人〟と呼ばれる症状がみられます。「死んだ夫が生きている」と訴える妄想もしばしばレビー小体型

【表1】 レビー小体型認知症では多彩な視覚認知障害がみられる

錯覚・錯視	● 人形を人間と間違える ● ハンガーにかかる衣服を人間と見間違える ● 電気コードをヘビと間違える ● 床のゴミが虫に見える
変形視	● 天井や床が歪《ゆが》んで見える ● 道路が波打って見える。大きく見える
人物誤認	● 息子を死んだ父親と認識する ● 妻と妹の区別ができない ● 眼前の人間を認識できず「どこに行った？」などと言う

認知症ではみられます。

以下で代表的な症状を解説します。

❶錯覚・錯視

実際にある物を別の物と見間違う状態です。代表的な訴えとしては、人形を人間と間違える、ハンガーにかかった衣服を人間と間違える、床に落ちているゴミを虫と勘違いするなどの症状がみられます。

ゴミを虫と錯覚することでその虫（ゴミ）を取ろうとしたり殺虫剤を撒《ま》いたりする行動を伴うことも少なくありません。

「錯覚・錯視」が起こると、ゴミを虫だと錯覚して、ゴミに殺虫剤を撒いたりすることもある。

❷ 変形視

人間や家具、置物が歪《ゆが》んで見えたり小さく見えたりします。あるいは外に出ると道路が波打って見えることもあります。レビー小体型認知症では、いろいろなものが小さく見えると訴える場合が多いようです。

道路が歪んで見えたりすると、自動車を運転していて事故を起こす危険性が高くなります（もちろん、レビー小体型認知症との診断を受けると、自動車の運転は禁止となり免許証の取り消し処分となります）。

周りのものが歪んで見えたり、小さく見えたりする「変形視」が起こってくると、自動車を運転するのがとても危険になってきます。

❸ 人物誤認

ある人物を別の人間と認識する状態です。たとえば、自分の妻を死んだ実母と認識する、目の前にいる息子に向かって「息子はどこにいる?」と尋ねたりします。この人物誤認は、レビー小体型認知症ではしばしばみられるものであり、診断に役立つ症状といわれています。

つまり、人物誤認がみられる場合にはレビー小体型認知症の可能性が非常に高いといえるのです。

認知症が進んでくると家族や親しい人間に対して「あなたは誰?」と尋ねることがあります。これは、人物に対する見当識障害であり人物誤認とは呼びません。人物誤認は、思考の障害であり妄想の一種と考えられています。

目の前にいる人を別の人間だと認識してしまう「人物誤認」もレビー小体型認知症で頻繁に起こる症状のひとつ。

そのほかに現れるさまざまな症状

幻覚や視覚認知障害以外にもさまざまな症状が現れます

レビー小体型認知症では多彩な症状が出現してきます。ここでは、しばしばみられるそのほかの症状を紹介します。

❶誰かがいる気配を感じる（実体的意識性）

レビー小体型認知症に特徴的な症状として「実体的意識性」と呼ばれる症状がみられます。これは、視覚的あるいは聴覚的には存在していないにも関わらず、「誰かが自分の近くにいる気配を感じる」「何かが自分の後ろにいる感じがする」「誰もいないはずなのに誰かが確実にいる」などの気配をありありと感じる体験を意味します。統合失調症などの精神疾患にみ

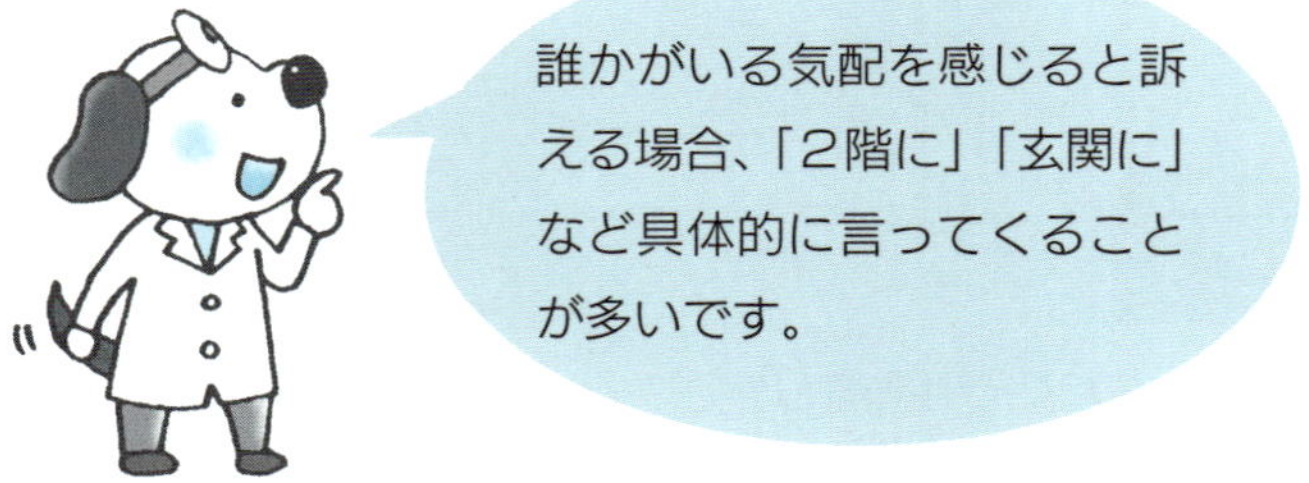
誰かがいる気配を感じると訴える場合、「2階に」「玄関に」など具体的に言ってくることが多いです。

られる症状ですが、レビー小体型認知症でもしばしばみられます。私の外来では初診のレビー小体型認知症患者さんの13・4％にみられていました。アルツハイマー型認知症や血管性認知症でみられることは稀《まれ》と考えてよいでしょう。

レビー小体型認知症患者さんでは具体的な訴えとして「2階に誰かがいる気がするから確認してくる」「今、玄関に誰かが来たから見てきてほしい」「家に家族以外にもうひとり誰かがいると思う」などと訴えます。

❷ 一過性意識消失・失神

原因ははっきりしないのですが、レビー小体型認知症では一過性に意識消失発作を生じることがしばしばあります。そのときまで普通にし

「家に家族以外にもうひとり誰かがいる」など、はっきりと具体的に人の気配を感じていることがレビー小体型認知症の特徴。

ていた患者さんが急に意識が低下してくるので、家族や周囲の人々はびっくりしてしまいます。レビー小体型認知症でみられる意識消失発作は、短時間で元の状態に自然に戻ることがほとんどです。はじめてこの発作を経験した家族はあわてて救急車を呼ぶのですが、救急車が到着したときには患者さんは意識がしっかりした状態に戻っていることも少なくありません。レビー小体型認知症では、起立性低血圧がみられることから失神もよく現れます。

❸ 薬剤への過敏性

レビー小体型認知症患者さんでは、ある薬剤に対して、本来その薬剤が示す効果とまったく異なる反応を示すことがあります。たとえば、入眠を目的に使用した睡眠薬が逆に不眠や興奮、暴力行為を起こしてしまうのです。これを薬剤への過敏性と呼んでいます。

とくに精神や神経に影響を及ぼす向精神薬（抗精神病薬や抗うつ薬、抗てんかん薬、睡眠薬）は、レビー小体型認知症では慎重に使用されるべき

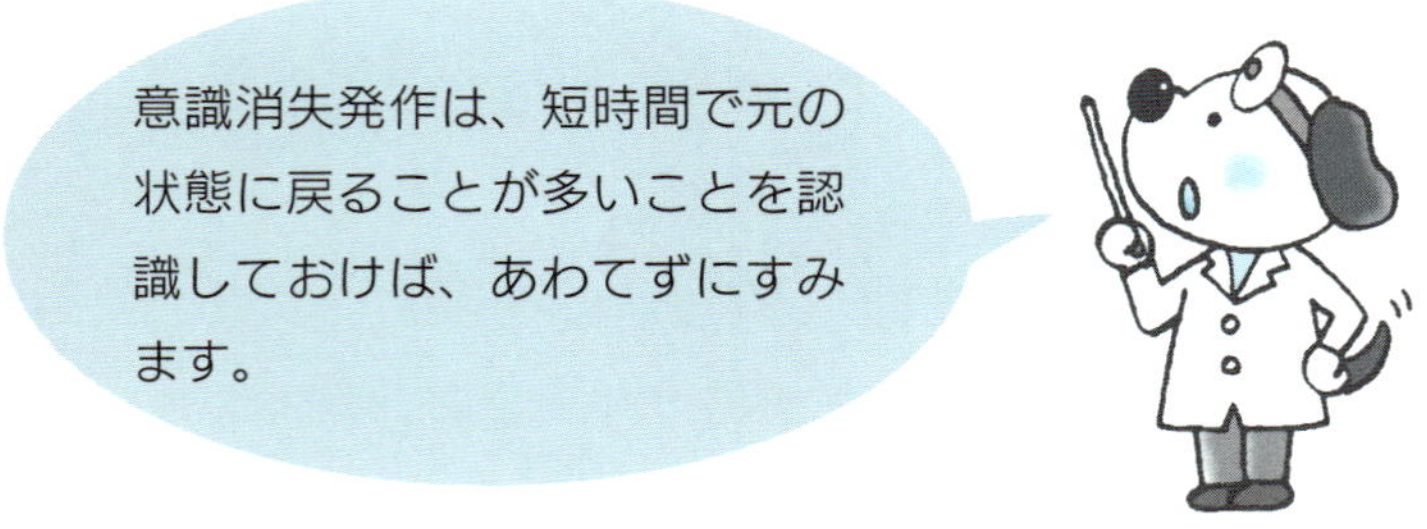
意識消失発作は、短時間で元の状態に戻ることが多いことを認識しておけば、あわてずにすみます。

であるといわれています。レビー小体型認知症と診断された患者さんの介護を進めるうえで、家族はむやみにこれらの薬剤を医師に希望することは可能な限り控えたほうがよいでしょう。

④ 抑うつ・不安

抑うつ的な気分や不安感を強く訴える患者さんもいます。患者さんが安心できる言葉かけや環境整備に努めるようにしたいものです。

たとえば、夜ひとりで寝ることを不安がる、嫌がる患者さんもいます。そのときには家族が同じ部屋で一緒に寝る、室内の照明をつけたままにする、しばらく家族と一緒にいる時間をつくるなどの対応をして患者さんの不安感の軽減を図るようにします。

⑤ 過眠

日中睡魔に襲われて数時間寝てしまうことがあります。レビー小体型認知症では睡眠と覚醒のリズムが乱れやすくなった結果、昼間の睡眠、夜間

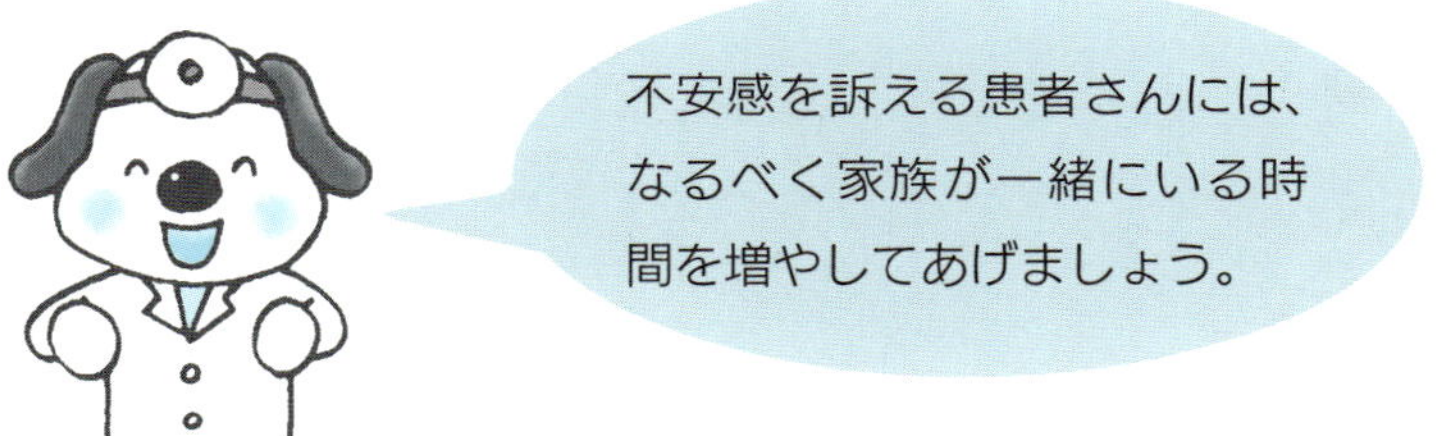
不安感を訴える患者さんには、
なるべく家族が一緒にいる時
間を増やしてあげましょう。

の不眠、さらに昼夜逆転をきたしやすいといわれています。日中、デイサービスやデイケアなどを通じて活動性を高める工夫を行い、夜間は安眠が保てるよう環境整備を心がけるようにしましょう。

❻ アパシー

日本語では無為・無関心と訳される状態です。感情面で喜怒哀楽がなくなり周囲や自分に対して無関心となった結果、何もしなくなる状態を指します。アパシーに対する有効な薬剤がないことから家族や周囲の人々の働きかけが重要になってきます。

対応としては、日常生活を進めるうえで規則正しい起床と就寝、食事の時間を決めて、家族が積極的に患者さんに声かけを行うことで自発的に体を動かすことを促します。デイサービスやデイケアなどを利用した他動的な働きかけも有効でしょう。

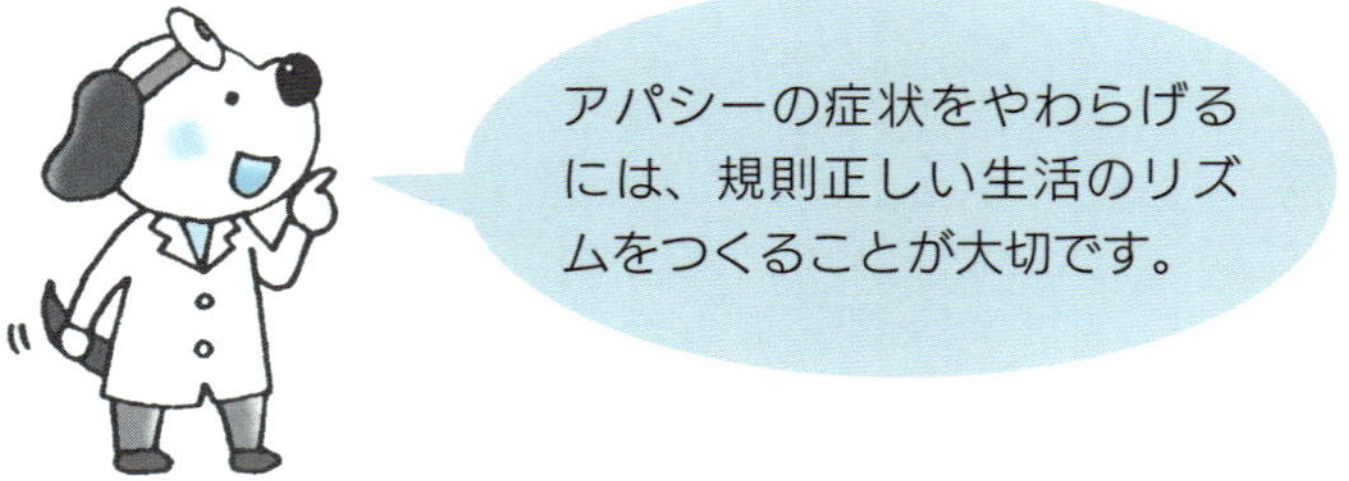
アパシーの症状をやわらげるには、規則正しい生活のリズムをつくることが大切です。

⑦ 姿勢の不安定さ、くり返す転倒

レビー小体型認知症患者さんの多くはパーキンソン症状を伴うことになります。パーキンソン症状は、動作が遅くなる、手が震えるなどの症状とともに姿勢を正しく保つことが難しくなり、しばしば転倒を起こしてそれをくり返すようになってきます。とくに後方に転びやすくなります。

リハビリテーションを主体とする歩行訓練が必要になってきます。

また、毎日の生活の中で散歩や外出を積極的に行うようにするとよいでしょう。散歩などの際には、可能な限り家族が一緒に出かけるようにしたいものです。

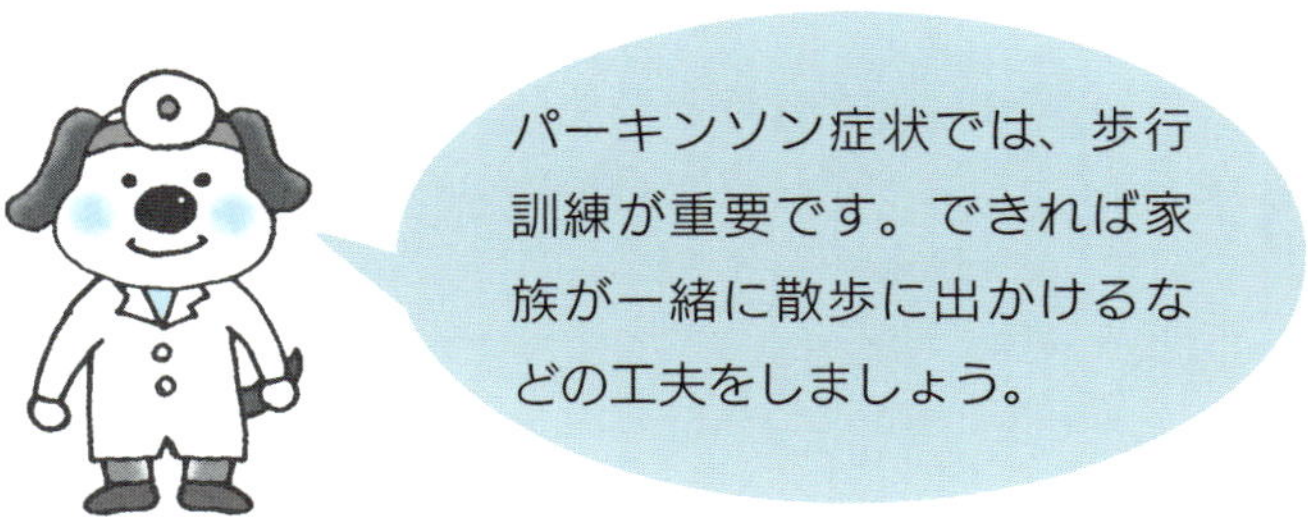
パーキンソン症状では、歩行訓練が重要です。できれば家族が一緒に散歩に出かけるなどの工夫をしましょう。

症状や状態が変動することを理解する

患者さんの調子の良し悪しの差が大きいことも特徴です

レビー小体型認知症の大きな特徴として、症状あるいは状態が著明に変動あるいは動揺することが挙げられます。わかりやすく述べると、患者さんの状態をみると、調子がとても良いときと調子が非常に悪いときが目立つのです。調子が良いときには病気ではないと思えるほどよいのですが、調子が悪いと会話が通じない、動けないあるいは動かない、食事をしない、怒りっぽいなど困った状態を呈してきます。

症状の動揺性として、1日のなかで朝の起床時や昼寝から覚醒したときなどに調子が悪いことが多いのですが、週あるいは月単位で動揺することもあります。たとえば、数週間にわたり食欲低下を示しますが、あるとき

患者さんの症状や状態は、1日単位、あるいは週や月単位で大きく変動（動揺）します。

から食欲が回復し、以前のように食べ始めることがあります。同じ薬を飲んでいるのに調子に良し悪しがみられることもあります。

レビー小体型認知症では、この症状や状態に動揺性があることを理解していないと、一時的に調子が悪い時期を認知症がすごく進んだように誤解してしまう可能性があるのです。また、調子の悪いときの状態に対して家族がパニックになってしまうかもしれません。この症状に動揺性がみられることを十分理解したうえで冷静な対応が必要になってきます。

患者さんに何かしてほしいとき、あるいは書類の署名などをしてほしいときには調子の良いときにお願いするようにします。調子の悪いときには余計な介入をしないで見守りを行うよう

一時的に調子の悪い時期を、認知症が大きく進んだように思ってしまわないよう注意が必要。

にします。
症状の動揺性にも関係しているのかもしれませんが、レビー小体型認知症の患者さんでは、一過性の意識消失発作がよくみられます。この状態をはじめてみると家族はびっくりして救急車を呼ぶことになるのですが、この意識消失発作は、短時間で回復することが多いのです。極端な例ですが、診察室で患者さんと普通に会話をした後、カルテを記載しているわずかの間に患者さんの意識が低下するのを経験したことがあります。この一過性の意識消失発作をくり返している場合には、家族や周囲の人々はあわてずに少し経過を観察するのがよいと思います。

アルツハイマー型認知症患者さんで夕方から夜にかけて落ち着かない、イライラする、暴言を吐く、自宅にいるのに自宅に帰ると言い張る（帰宅願望）ことがあります。この状態を「夕暮れ症候群」あるいは「日没症候群」と呼んでいます。この症状はレビー小体型認知症でみられる症状の動揺性とは区別されています。レビー小体型認知症の動揺性は、意識レベルがやや悪い朝の起床時や昼寝の後などでよくみられるものです。

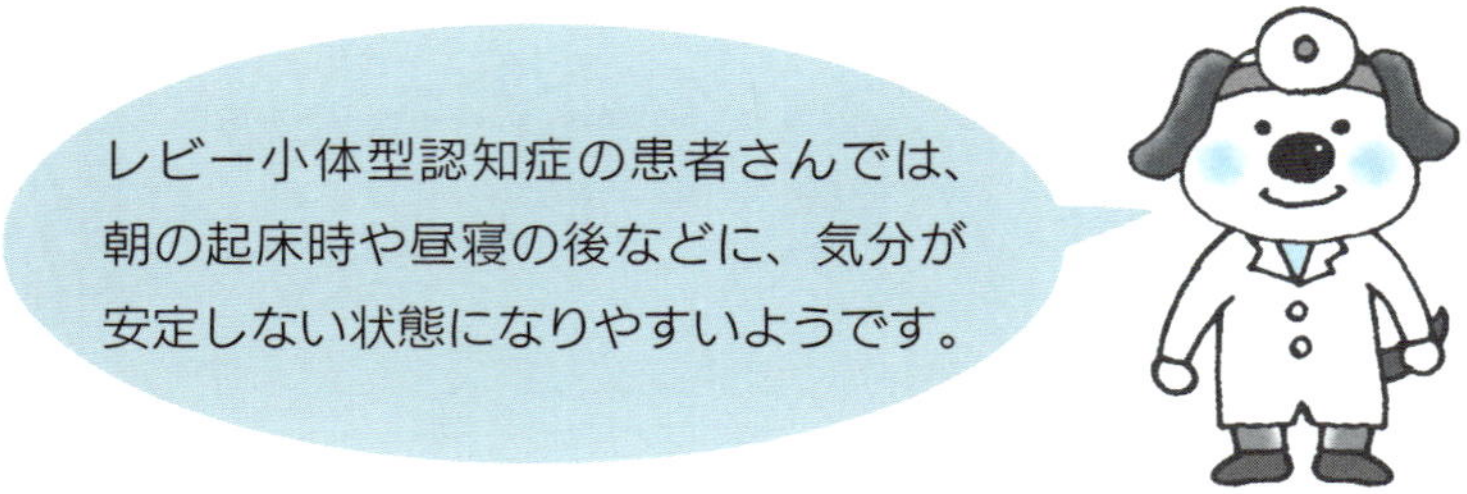
レビー小体型認知症の患者さんでは、
朝の起床時や昼寝の後などに、気分が
安定しない状態になりやすいようです。

ひとロメモ

認知症を伴う
パーキンソン病とは？

パーキンソン病と診断後、1年以上を経てから認知症が出現してきたとき“認知症を伴うパーキンソン病”との診断名になります。

この病気は、患者さんが亡くなったあとの病理学的検討ではレビー小体型認知症の脳の変化と同一であることが明らかになってきています。

つまり、認知症とパーキンソン症状の出現時期によってレビー小体型認知症（認知症とパーキンソン症状がほぼ同じ時期に出現、または認知症発症から1年以内にパーキンソン症状が出現）、あるいは認知症を伴うパーキンソン病というように違った病名になるのです。

医師はどう診断しているのか

レビー小体型認知症と診断されるまでの経緯を知っておきましょう

レビー小体型認知症を含めて認知症が疑われる患者さんが受診してきたとき、医師はどのように診断を下していくのでしょうか。ここでは、レビー小体型認知症に限定して解説をしていきます。

❶ まず、患者さんの生活をよく知る家族から、患者さんの状態をくわしく尋ねることから診療が始まります。もの忘れや幻視はいつごろから始まったのか、それがどう進んでいるのか、現在、家族や周囲の人々はなにを困っているのかなどを尋ねるようにしています。

患者さんの普段の状態をくわしく尋ねることから診断が始まります。

② そのあとに患者さんの問診、診察に移ります。とくにレビー小体型認知症では、パーキンソン症状を伴うことが多いので筋肉の状態や歩行、姿勢、振戦《しんせん》の有無などを確認していきます。問診では、年齢や生年月日、診察日の月日や曜日、前日の夕食や当日の昼食の内容などを尋ね、患者さんに答えてもらいます。レビー小体型認知症が疑われる場合には、幻視の有無や夜間の睡眠状態、転びやすいことはないかなども聞いていくことになります。

③ 多くの患者さんでは家族から聴取する病歴と患者さんへの問診、診察で認知症の有無ならびにその原因疾患を想定することが可能になりますが、一部の患者さんでは、診断を決定するために特殊な検査が必要になってきます。レビー小体型認知症では、ドパミントランスポーターシンチグラフィー（一般的にはダットスキャンと呼ばれています）などが診断に役立つ特殊な検査となります（【図9】→次ページ）。

ダットスキャン検査とは、脳内の黒質線条体ドパミントランスポーターを画像化する検査です。（次ページ図９参照）

❹ いずれの患者さんでも脳の形や状態を観察できる頭部CTスキャン、あるいはMRI検査を必ず初診の段階で施行するようにしています。なぜならば、一見レビー小体型認知症のようにみえる患者さんのなかに脳《のう》梗塞《こうそく》や脳腫瘍《のうしゅよう》などの病気が潜んでいる可能性があるからです。

❺ 記憶や見当識（時や場所、人物に対する認識）、注意力、計算能力などの認知機能を評価するためにテストを行います。代表的なテストは、改訂長谷川式簡易知能評価スケール（HDS-R）とMini-Mental State Examination（MMSE）のふたつです。これらの検査は、主として記憶や見当識を評

【図9】 ダットスキャン検査の画像

A：正常（79歳、女性）　B：レビー小体型認知症（81歳、男性）　C：レビー小体型認知症（84歳、女性）

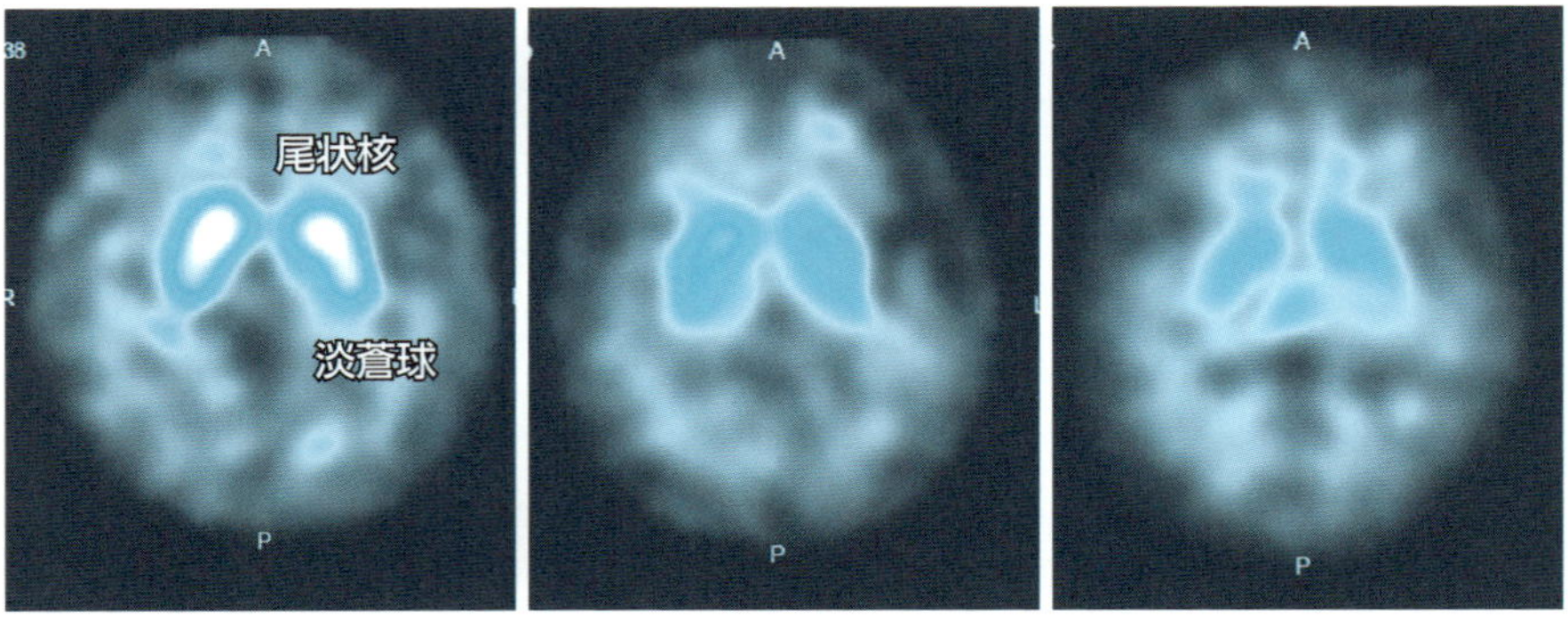

正常な状態（A）では、尾状核《びじょうかく》から淡蒼球《たんそうきゅう》にかけて八の字型またはコンマ型に、注射した物質が集積しますが、レビー小体型認知症（B、C）では集積が乏しく形がいびつになってきます。

価することから、レビー小体型認知症の初期には、正常範囲を獲得できる患者さんも少なくありません。これらの検査が正常だからといってレビー小体型認知症を否定することにはならないのです。

6

認知症の存在が確認されレビー小体型認知症と診断されますと、その後の治療の方針を考えていくことになります。患者さんや家族はなにを困っているのか、たとえば幻視の存在で困っているのか、あるいはパーキンソン症状による頻繁な転倒で困っているのかなどを見極め、それに合わせた治療を選択していきます。

レビー小体型認知症と診断されると、どのような症状で困っているかなどを見極めたうえで治療を考えていきます。

薬物療法にはどのようなものがある？

症状に応じて薬が処方されます

レビー小体型認知症の症状のなかで薬物療法の対象となるのは、認知機能障害あるいは行動・心理症状（BPSD）、レム睡眠行動障害、パーキンソン症状の４つです。以下解説は次ページ【図10】とあわせてご参照ください。医師は、レビー小体型認知症患者さんに薬を処方する際、このなかでどの症状を優先的に治療したらよいかを考えたうえで薬を選択しています。

❶認知機能障害（認知症症状）の進行抑制を目的とする薬剤としてはドネペジル（商品名：アリセプト）だけがわが国で保険適応を取得しています。ですから、レビー小体型認知症と診断された患者さんには、

【図10】 レビー小体型認知症に対する薬物療法

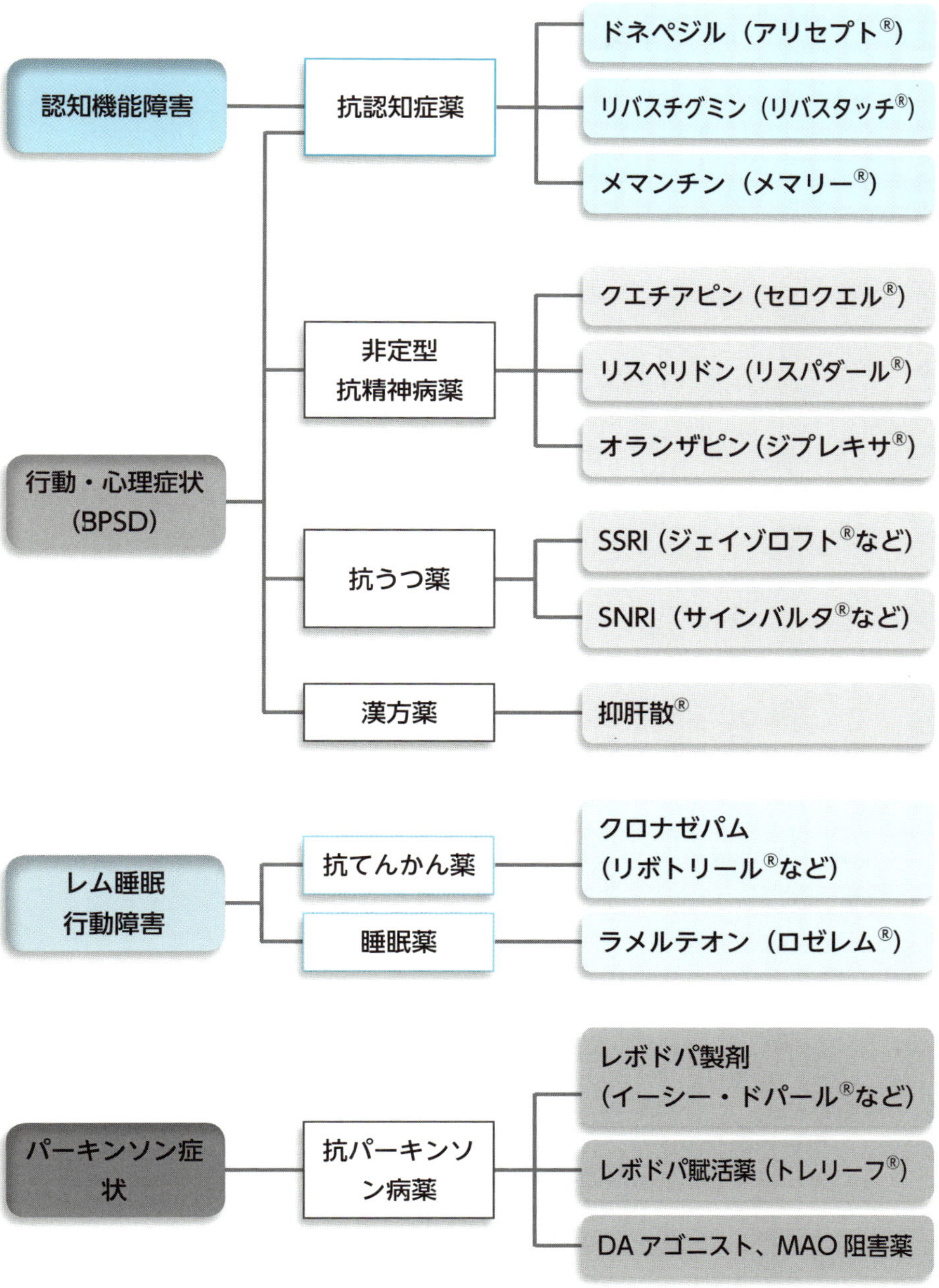

まずドネペジルを処方するのが原則となっています。ドネペジルについては次項（↓52ページ）でくわしく解説します。海外ではリバスチグミン（商品名：リバスタッチ、イクセロン）が推奨されていますが、わが国では保険適応を取得していません。

❷ 行動・心理症状（BPSD）には、主として向精神薬（抗精神病薬ならびに抗うつ薬、抗てんかん薬、睡眠薬）を使用しますが、抑肝散《よくかんさん》などの漢方薬を選択する場合もあります。レビー小体型認知症の幻視は、前述のドネペジルを服薬するとしばしば消えてしまうことを経験しています。レビー小体型認知症患者さんは、向精神薬、とくに抗精神病薬に対して過敏性を示すことが少なくありません。抗精神病薬のなかでクエチアピン（商品名：セロクエル）はそのような過敏性の出現が少ないことから、レビー小体型認知症の幻覚や妄想に対して第一選択薬となっています。怒りっぽさ（易怒性《いどせい》）や興奮がみられ、落ち着かない患者さんには、漢方薬が感情の安定化を期待できる場合があります。

ドネペジルについては、52ページからくわしく解説します。

❸ レム睡眠行動障害に対しては、抗てんかん薬のクロナゼパム（商品名：ランドセン、リボトリール）の少量を服薬することで症状の劇的な改善を期待できます。患者さんからは、「怖い夢、けんかをしている夢をまったく見なくなった、熟睡できるようになった」、家族からは「寝ているときのおかしな行動がなくなった、寝言を言わなくなった、静かに寝られるようになった」などの声が聞かれます。

❹ パーキンソン病に対してはいくつかの種類の薬剤（抗パーキンソン病薬）があるのですが、レビー小体型認知症でみられるパーキンソン症状にはレボドパ製剤と呼ばれる薬（商品名：イーシー・ドパール、メネシットなど）をまず優先して使用することになっています。抗パーキンソン病薬のなかにはレビー小体型認知症の幻視や妄想を悪化させてしまう薬剤もありますので、パーキンソン症状の治療には脳神経内科を専門とする医師に診てもらうのがよいと思います。

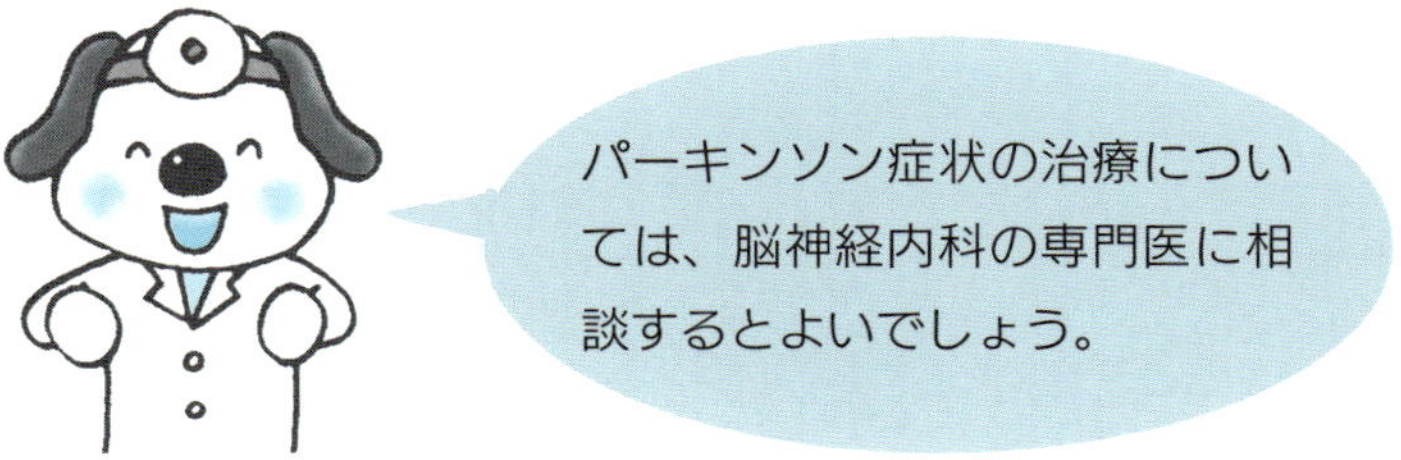
パーキンソン症状の治療については、脳神経内科の専門医に相談するとよいでしょう。

治療薬のドネペジルについて知る

認知症症状の進行を抑制する効果が期待できる治療薬です

ドネペジル（商品名：アリセプト）は、１９９９年にわが国ではじめてアルツハイマー型認知症治療薬として登場してきました。その後、２０１４年にレビー小体型認知症に対して保険適応を取得したことでレビー小体型認知症患者さんの治療にも使用できるようになってきました。ドネペジルは、脳内のアセチルコリンの分解を防ぐことで認知症症状の進行抑制を期待できる薬剤です。

レビー小体型認知症にもその進行抑制効果があるのですが、同時に、服薬することで幻視の軽減から消失がみられることをしばしば経験します。おそらくドネペジルは、覚醒度を高めることで意識がよりしっかりしてくるので幻視を認めにくくなるのではないかと推測しています。

ドネペジルは、まず1日1回３mgから開始し、消化器系の副作用（吐き気、嘔吐《おうと》、胃部不快、食欲低下など）がないことを確認後、５mgに増量します。レビー小体型認知症でもこの５mgの段階でしばらく経過をみていくのがよいと思います。薬剤への過敏性についてお話をしましたが（→36ページ）、ドネペジルでもこの薬剤への過敏性がみられることがあります。具体的にはドネペジルの服薬で怒りっぽくなる（易怒性《いどせい》）、興奮する、暴力行為がみられる、夜間寝ないで騒ぐなどのように活発になりすぎる、あるいは度を超えて元気になることをときどき経験します。これらの状態は３mgの段階でも出現することがあります。

私は、レビー小体型認知症と診断した患者さんにドネペジルを開始するときには、ドネペジルの細粒あるいはドライシロップ、ゼリー製剤で処方を行います。なぜかというと、これらの剤形ならば容易に半分あるいは3

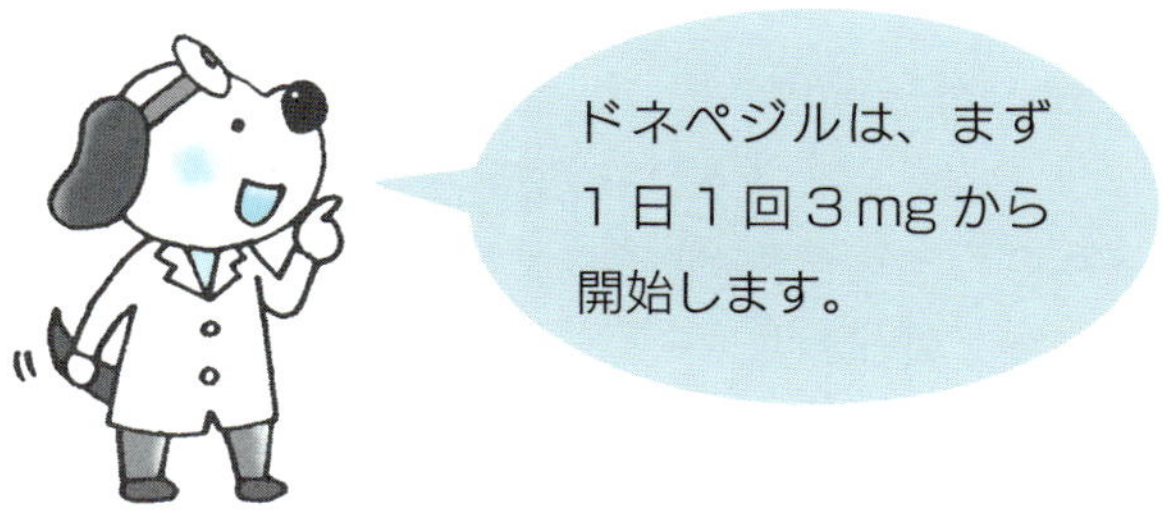
ドネペジルは、まず
１日１回３mgから
開始します。

分の1に減らすことが可能だからです。たとえば、怒りっぽい状態が出てきたときには細粒 3mg の半分を服薬するようにすると1.5mg になるのです。錠剤などではなかなか半分に割れないことがありますが、細粒やゼリー製剤は、用量の微調整が可能になることからレビー小体型認知症には適した剤形なのです。

ドネペジルは、1日のなかでどの時間帯に服薬してもよい薬剤ですが、原則は朝1回食後の服薬がよいかと思います。しかし、服薬介助をする家族が朝早く出かけてしまう場合などでは、夕食後あるいは就寝前の服薬でも問題はありませんが、ドネペジルはやや活発にさせる働きがあることから、夕食後あるいは就寝前の服薬で不眠になる可能性もありますので注意してください。

ドネペジルで効果のみられる患者さんでは、その効果が長期間持続することをしばしば経験します。次ページの【図11】は、ドネペジルを開始し6年間にわたりその効果が持続している患者さんです。MMSE（↓46ペー

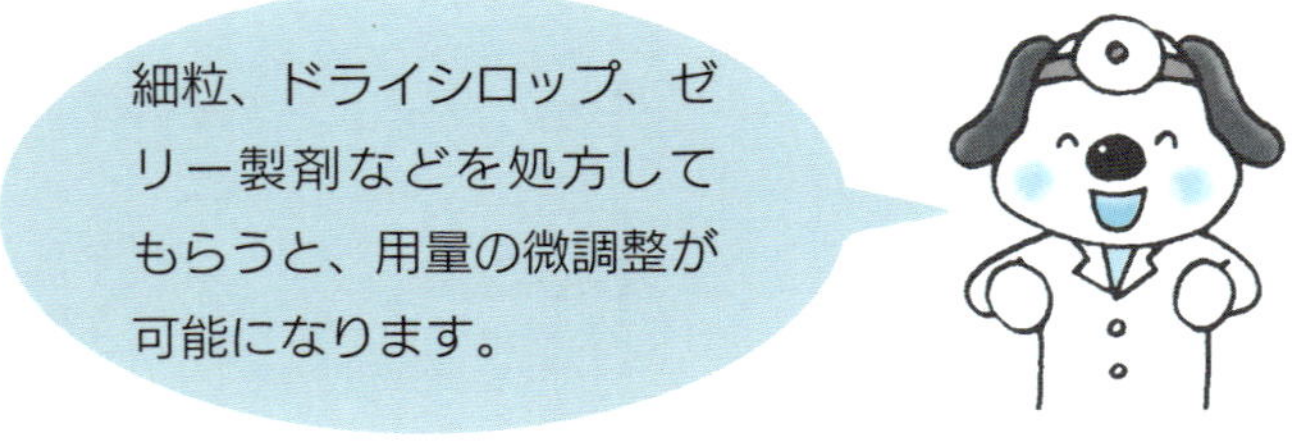
細粒、ドライシロップ、ゼリー製剤などを処方してもらうと、用量の微調整が可能になります。

ジ）は、認知機能障害を評価する検査で30点満点中23点以下は認知症と判断されます。この患者さんは、ドネペジル服薬前には16点でしたが、3カ月後に24点まで改善し、以降6年目まで22点から23点前後で経過しています。ADAS-J cog.は別の検査ですが、この検査は点数が少ないほうが認知症は軽いと判断されます。10点以下が非認知症と判断され、12点以上になると認知症と診断されます。この患者さんはドネペジル服薬前には18点でしたが、その後15点前後で6年間推移しています。

ドネペジルの服薬によってレビー小体型認知症患者さんの認知症症状がそれほど進まないケースも多いので、ぜひ服薬を継続してほしいと思います。

【図11】 **ドネペジルの臨床効果が6年間継続している事例**

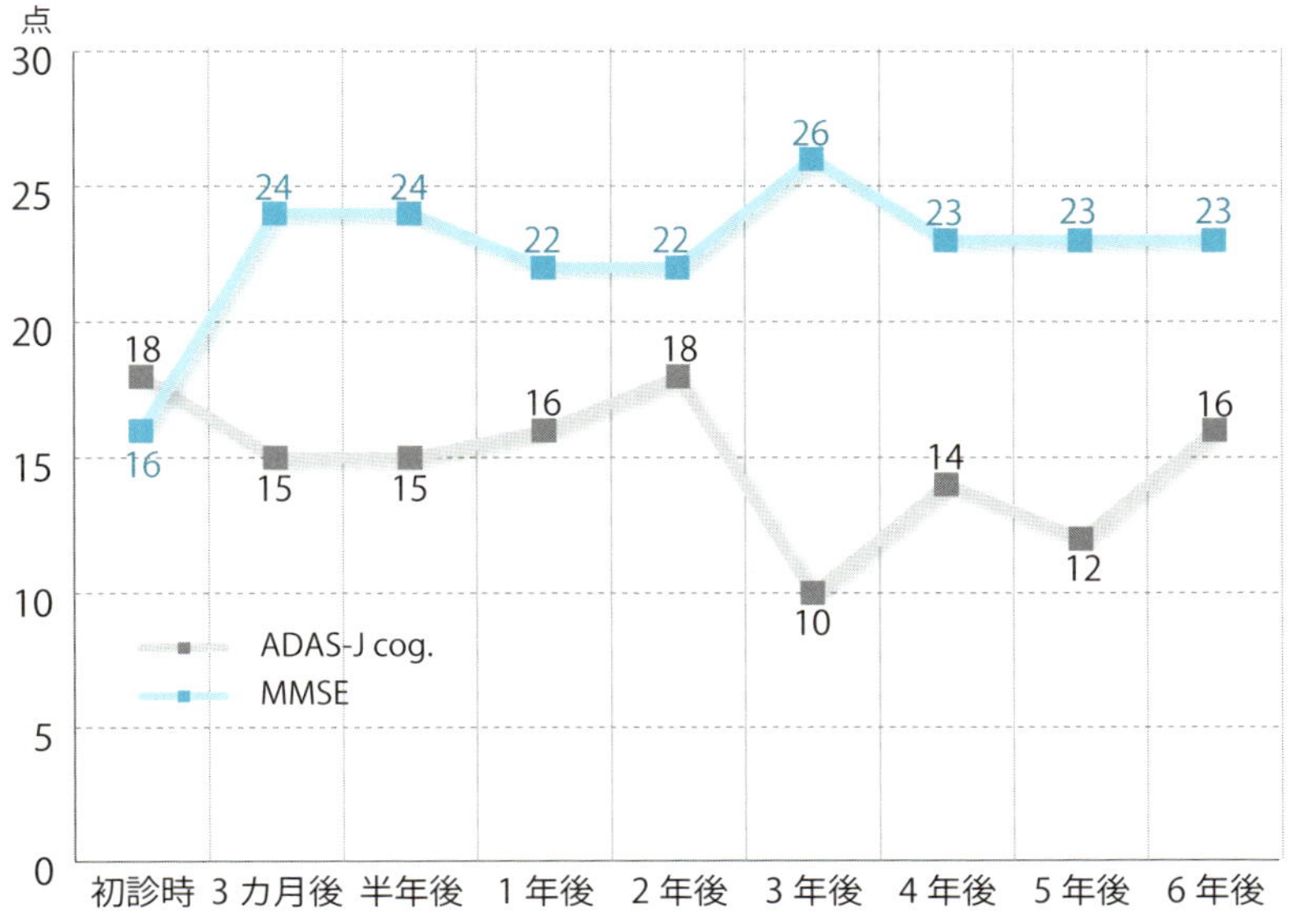

八千代病院・愛知県認知症疾患医療センター

レビー小体型認知症での介護の原則

認知症を生じる原因によって介護のしかたは異なってきます

認知症患者さんの介護を行う際の原則として、認知症を生じる原因疾患によって介護のしかたが少し異なることがあります。ここではレビー小体型認知症の介護に話題を絞って話を進めていきたいと思います（【表2】↓次ページ）。

❶ 症状に動揺性がみられることを理解したうえで介護を進めます。レビー小体型認知症の特徴として症状の動揺性が目立つことが挙げられます。つまり調子の良いときと悪いときがはっきりしています。朝起床時や昼寝後にはとんちんかんな反応を示しますが、数時間するとしっ

症状に合わせて、介護のしかたも工夫しましょう。

かりしてくることがあります。介護を進める際には、調子の良いときにリハビリテーションを施行する、大切な話をして理解してもらう、必要な署名をしてもらうなどの事柄を行うようにします。

調子の悪いとき、つまり混乱や困惑、拒絶が目立つときには、余計な介入をしないで見守りを中心とした介護を心がけるようにします。

❷ 睡眠薬などのように神経や精神に作用する薬剤をむやみに服薬させない、可能な限り医師にそれらを求めないことです。レビー小体型認知症は、ほかの認知症疾患と異なって薬剤への過敏性が目立つことから安

【表2】 **レビー小体型認知症における介護の原則**

症状に動揺性がみられることを理解したうえで対応を考える

- リハビリテーションなどは調子の良いときに施行する
- 調子が悪いとき（混乱や拒絶）には見守りを行い、余計な介入をしない

睡眠薬などのように精神神経系に影響を及ぼす薬剤をむやみに服薬しない。薬剤への過敏性に注意する

頻繁に訴える幻視などを頭から否定しない。患者さんの訴えを共感をもちながら傾聴する姿勢が大切

転倒に注意する。転ぶことが原因で日常の生活動作が低下、悪化することがしばしばみられる

原因不明の一過性の意識消失発作がみられることがある。家族やスタッフはあわてず冷静な対応を心がける。起立性低血圧にも注意

昼夜逆転を生じやすいので日中の活動性を高める工夫を行う

易に神経や精神に作用する薬剤を使用しないことが重要です。作用が弱いといわれる睡眠薬でも服薬によって興奮したり動けなくなったりすることがあります。介護する家族は、困った症状があっても、むやみに医師に薬剤を希望しないようにしたいものです。

❸ 幻視の訴えを頭から否定せずに、患者さんの訴えに対して共感をもちながら傾聴する姿勢が重要となります。患者さんの世界では、そこに見知らぬ人間や動物が見えることが事実なのです。その事実を家族や周囲の人々は受け入れながら患者さんに接することが求められます。

❹ 転びやすいことから転倒に注意をします。骨折をしなくても転ぶことが原因となって日常生活の能力が低下することがあります。室内に不要なものを置かないようにし、段差の解消を心がけるようにしたいものです。

患者さんの訴えを頭ごなしに否定しないことが大切です。

❺ レビー小体型認知症では、原因がはっきりしない一過性の意識消失発作がときどきみられます。この発作をはじめて経験すると家族はあわてて救急車を呼ぶことになりますが、この意識消失発作は数分あるいは十数分で元の状態に改善することがほとんどなのです。患者さんの顔色などを観察しながら冷静な対応を心がけたいものです。
起立性低血圧もよくみられる症状です。急に立ち上がるなどの行動は控えるようにします。

❻ レビー小体型認知症では睡眠覚醒のリズムが崩れやすいことから夜間の不眠、昼夜逆転（夜間に覚醒し日中寝てしまう）がみられやすい病気です。日中にデイサービスなどを利用して、しっかり起こしておくことが重要です。不安症状が強くひとりで寝ることができない患者さんには、家族が同じ部屋で一緒に寝てあげることが求められます。

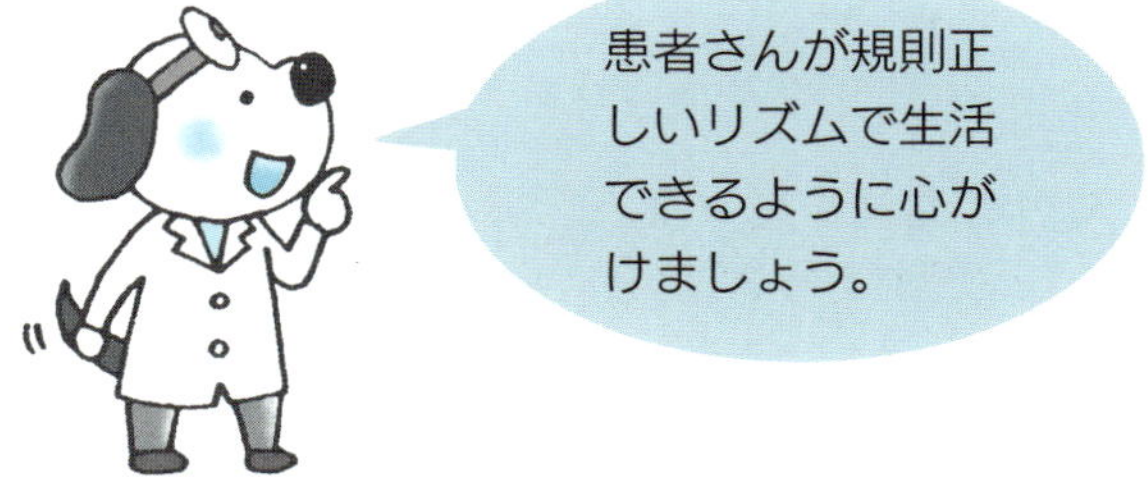
患者さんが規則正しいリズムで生活できるように心がけましょう。

アルツハイマー型認知症との違い

レビー小体型認知症に特有の症状の見極めが肝心です

アルツハイマー型認知症は、認知症を生じる原因として最も多い病気です。ここでは、アルツハイマー型認知症とレビー小体型認知症の違いを解説していきます【表3】。

❶ アルツハイマー型認知症は、しまい忘れやおき忘れなどのもの忘れで家族は気づくことが多いのですが、レビー小体型認知症ではもちろんもの忘れもあるのですが、幻視や妄想、抑うつ、不安症状などの精神症状で気づく、あるいはこれらがおもな症状となることが少なくありません。

❷ 人物誤認は、レビー小体型認知症に特異的な症状といえます。アルツ

アルツハイマー型認知症との違いを見極める必要があります。

ハイマー型認知症でも認められることはありますが、認知症が相当進んだ段階でみられることが多く、軽度から中等度の段階でみられることは稀《まれ》といえます。

❸ アルツハイマー型認知症では、約3割に妄想がみられますが多くはもの盗られ妄想です。いっぽう、レビー小体型認知症でみられる妄想はむしろ幻覚に関連した妄想です。

❹ レビー小体型認知症では症状の動揺性が顕著です。アルツハイマー型認知症でも夕方から夜にかけて落ち着かない、家にいるのに自宅に帰ると言い張る、興奮するなどの症状がみられます（「夕暮れ症候群」と呼ばれています）。しかし、アルツハイマー型認知症でみられるこの状態は夕方から夜に限って認めら

【表3】 **レビー小体型認知症とアルツハイマー型認知症との違い**

	レビー小体型認知症	アルツハイマー型認知症
性差	男性にやや多い	女性が多い
主な症状（初発症状）	幻覚（幻視）／妄想	もの忘れ（記憶障害）
幻視・人物誤認	しばしばみられる	みられることあり
妄想	幻視に伴う妄想	もの盗られ妄想など
症状の動揺性	あり（著明である）	ない
睡眠障害	レム睡眠行動障害	入眠・中途覚醒
パーキンソン症状	しばしばみられる	稀
実体的意識性	あり	稀

れるものです。レビー小体型認知症の動揺性は、朝起きたときや昼寝後の覚醒時によくみられるものです。また、週あるいは月単位で動揺性が認められる点もアルツハイマー型認知症と異なっています。

❺ 睡眠障害として、レビー小体型認知症ではレム睡眠行動障害がしばしばみられますが、アルツハイマー型認知症でみられることは非常に稀です。アルツハイマー型認知症では入眠障害や夜間の中途覚醒が多いのですが、これらはレビー小体型認知症でもよくみられるものです。

❻ 動作緩慢や振戦《しんせん》、転びやすい症状はパーキンソン症状が疑われるものですが、レビー小体型認知症ではしばしばみられます。アルツハイマー型認知症でも高度に進展してくるとパーキンソン症状を認めることはありますが、認知症が軽度から中等度の段階で出現してくることはまずありません。

❼ 誰かがいる気配を感じる実体的意識性は、レビー小体型認知症に特異的な症状です。アルツハイマー型認知症でみられることは稀とされています。

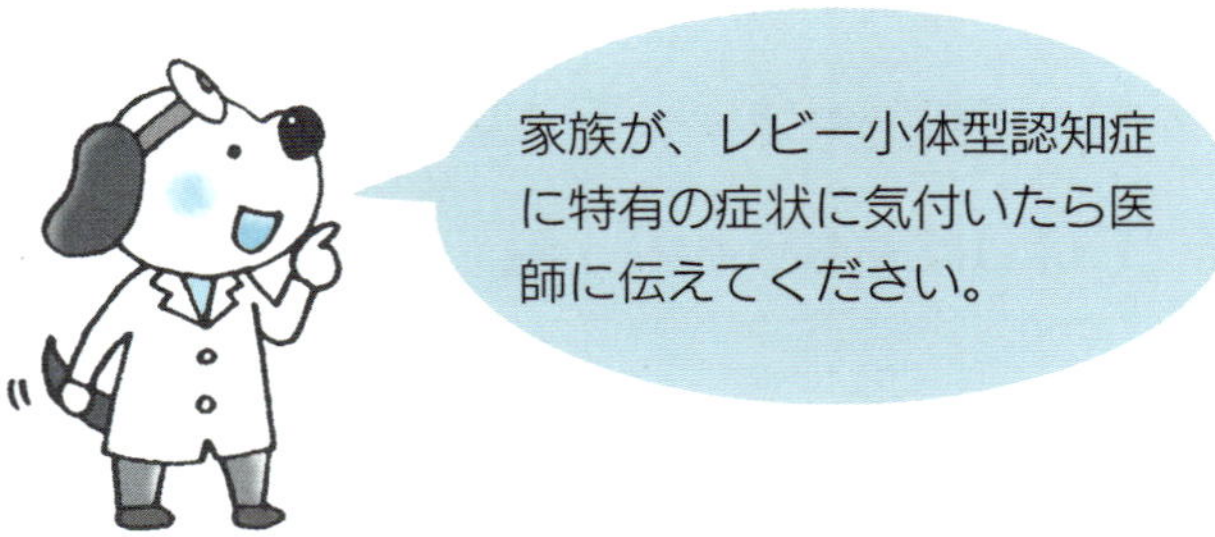
家族が、レビー小体型認知症に特有の症状に気付いたら医師に伝えてください。

パート 2

事例から考える対応と対策

（15 事例収録）

事例1

自宅内に見知らぬ人間がたくさんいると訴えるAさん

2年前から自宅に見知らぬ人がたくさん来て勝手に宴会をして帰っていくようになったのよ。声をかけても誰も返事をしてくれないので気味が悪くて……。
どなた？

最近は自宅に犬や猿がたくさん来るようになったし

本当に困っているの
このようなAさんの訴えにはどのように対応してあげればよいのかしら？

解説

Aさんは、実際にはいないはずのたくさんの人間や犬、猿などが自宅内にいることに困惑しています。この幻視は、レビー小体型認知症ではしばしばみられる症状です。この症状に気づかれて医療機関を受診し、はじめてレビー小体型認知症と診断されることも多いのです。

この幻視がなぜみられるのかについては十分わかっていませんが、後頭葉の機能障害が関与している可能性が指摘されています。レビー小体型認知症にみられる幻視に対しては、抗認知症薬のドネペジル（商品名：アリセプト）が効果を期待できることが少なくありません。ドネペジルの服薬で幻視が消失する、あるいは軽減することがあるので主治医に処方してもらうのがよいかと思います。ドネペジルは、レビー小体型認知症に対して保険適応を取得している薬剤です。薬とともに家族や周囲の人々の対応や接しかたも重要なポイントになってきます。

こんなときはどうする？

1

行ってはならないことは患者さんの訴えを頭から否定する、あるいはそんなはずはないと言って強く否定をする、叱るなどの対応です。患者さんの世界ではそこに見知らぬ人間が見えている、犬や猿が存在しているのです。

いっぽう、家族や周囲の人々の世界ではそんなものは見えない、存在していない、患者さんが間違えていると考えているのです。この患者さんの世界と家族や周囲の人々の思いにはギャップが存在します。家族や周囲の人々は、このギャップがあることを理解したうえで患者さんへの対応を心がけるべきです。

2

患者さんは、自分の訴えを否定される、あるいは叱られることで「家族や周囲の人々は私の言うことを信じてくれない」と考えてしまうかもしれません。

患者さんの世界ではそこに見知らぬ人間がいる、犬や猿が見えるのが真実なのです。家族や周囲の人々は真実ではないと考えているのです。

まず患者さんの訴えを丁寧に聞いてあげることが重要です。どのような人間が見えるのか、今その人間は何をしているのか、犬や猿がどのような形をしているのかなどを患者さんに尋ね、患者さんの答えに対して真剣に聞いていますよとのメッセージを送ることが重要です。

3

さらにその後「あの人たちは悪さをしないはずですから大丈夫ですよ、

ちょっとこちらに来て一緒にお茶でも飲んでいましょう。そうすればあの人たちは帰っていくはずですから」

「あの犬や猫はもうすぐ退散するはずですから心配いらないですよ」

などと伝え、患者さんの気持ちを安心させるように対応します。レビー小体型認知症でみられる幻視は視線を他に向けたり、しばらくしたりすると消えてしまうことが多いのです。

4

幻視の訴えは患者さんの覚醒度（意識がしっかりしているのか否か）によって異なってきます。

熟睡できた翌日には幻視の訴えが少ないことが多いのです。日中体をしっかり動かし夜間良眠できる工夫をします。たとえば、週日はデイサービスを利用する、家族と一緒に散歩に出かけるなどの対策が望ましいと思います。

5

幻視が夕方から夜間に目立ってくる患者さんには、夕方早めに室内の点灯をする、寝室の電気を消さずに寝るなどの工夫をします。深夜に覚醒したところ周囲が暗いことで幻視や錯視《さくし》を訴えることになるのです。深夜でも室内が明るいと幻視の訴えが少なくなることをしばしば経験しています。

介護のポイント

- 患者さんの訴えを頭から否定しない、叱らない
- 共感しながら患者さんの訴えを傾聴する
- 患者さんが安心できる環境整備を心がける

事例2

ネズミが走り回る、見知らぬ人が2階に駆け上がると訴えるBさん

最近、ネズミが家の中を走り回ったり、2階から荷物のような白いものがスーッと階段を伝わって降りてくることがあるんです。

この間は、庭に知らない人が立っていてびっくりしたのですが、その人がうちの2階に駆け上がっていくのも見たし……。

周りの家族には見えないものが私に見えるのですが、私はそのような病気をもっているのでしょうか?

Bさんは、2人暮らしなのに、お寿司を5人前頼むように家族に言うこともあるとか……。本人も病気ではないかと不安がっているし、どのように対応したらいいだろう?

解説

Bさんには、自宅内でネズミが走り回る、2階に見知らぬ人間が駆け上がる、あるいは2階から何かが降りてくるなどの幻視がみられますが、ご自身で「おかしいな、病気ではないか」との疑問を抱いています。

レビー小体型認知症でみられる幻視に対して確信をもって見えていると思っている患者さんは多いのですが、なかにはBさんのように「自分だけに見えるのはおかしい、自分になにか問題があるのではないか」と感じている患者さんもいます。

このように自分のほうに問題がある、自分は病気ではないかと感じている（医学的には病感があるといいます）場合には、ある程度病気について患者さんに説明をすることで患者さんとしては納得し安心する場合もあります。患者さんの訴える幻視についてどのくらい確信をもっているのかを評価することが大切になってきます。

こんなときはどうする？

1

「そこに見知らぬ人間がいる、あるいは見える」「犬や猿が自宅内を走り回っている」のが患者さんにとっての事実なのです。いっぽう、家族や周囲の人々にとっては「そんなものはいない、あるいは見えない」のが事実です。患者さんにとっての事実、つまりそこに見知らぬ人間や動物が見えることを中心に据えた対応や接しかたを考えていきましょう。

2

Bさんは、「自分にだけ見えるのは、おかしい」と感じています。Bさんのように患者さん自身が幻視に対してなにかおかしい、自分の側に問題があるのではないかと思っている場合には、レビー小体型認知症のこと、あるいは幻視の存在について家族から説明をするとよいでしょう。

3

患者さんが「自分だけに見えるのはおかしい」と感じて、不安をもっているときには、

「自宅の中でネズミが走り回ったり、2階から得体の知れないものが降りてきたりするのは、脳の後ろの部分、そこは物を見る脳の司令塔といわれていますが、その部位の働きが少し低下してきているのが原因とされています。見えないはずのものが見えてしまう脳の病気になっているので、いろいろなものが見える現象

が起こるのです。でもしばらくすると見えている人間やもの、動物は消えてしまうことが多いので心配することはありませんよ」

などと説明し、患者さんが安心できるようにするとよいでしょう。また、かかりつけの先生から説明をしてもらうと患者さんはより納得しやすいのではないでしょうか。かかりつけの先生に幻視について、患者さんに説明してもらうよう依頼してみてください。

4

幻視とは異なりますが、レビー小体型認知症では実際に暮らしている家族の数を実際以上に多く認識していることがしばしばあります。Bさんの示す2人暮らしなのに寿司を5人前注文する行動、つまり実際の人数以上の家族と暮らしていると考えてしまうのは、レビー小体型認知症ではよくみられるものです。実害がなければ患者さんの好きなようにさせるとよいでしょう。しかし、Bさんのように5人前の寿司を実際に注文してしまうと困った事態になってしまいます。そのときには、患者さんの気持ちを傷つけない言いかたで患者さんの考えを訂正するのがよいでしょう。

介護のポイント

- 幻視に対して患者さんがおかしいなと感じているときには、幻視の成り立ちを患者さんに説明することで、患者さんに安心感が生まれ介護負担の軽減につながる

事例3　怖い姿をした人間が見えると訴えるCさん

Cさんは、2年前からしまい忘れや、おき忘れなどの症状がみられていたけど、最近は、何かにおびえているみたい。何を怖がっているんだろう?

ずっと家の中に知らない人がいたり、窓の外を誰かが通り過ぎるようになって気味が悪かったんじゃが……。

このごろは、血みどろの落ち武者が部屋の中に立っていて、こっちに来ようとするので怖くて怖くて! 布団の周りには虫もたくさんいるし、どうなっているんだろうか。

解説

レビー小体型認知症でみられる幻視は、人物や動物、形の不明瞭な物体などいろいろなものが見えるのですが、患者さんにとって特に困るのは見える対象が怖いもの、不気味なものの場合です。

「血みどろの落ち武者が自分のほうに向かってくる」「畳でヘビがとぐろを巻いているのが見える」「顔のはっきりしない人間のようなものが自分のほうに近づいてくる」などということが起こったら、誰でも恐怖感をもつと思います。

「そんなものは見えるはずはない」と考えるのは家族や周囲の人々であり、患者さんには実際にそのような怖いもの、恐ろしいものが見えているのです。幻視に対して患者さんがどのような気持ちをもっているのかを家族や周囲の人々が考えながら対策を講じることが求められます。最も大切なことは、幻視に対しておびえている患者さんに安心感を与える対応や接しかたをすることです。

こんなときはどうする？

1

レビー小体型認知症の患者さんには、人間や動物、形の不明な物体などいろいろな物が見えるようです。見える幻視は患者さんごとに異なっていますが、多くは見知らぬ人間や小さい動物、子どもであることが多いようです。人間が見える場合、姿がはっきり見えることは少なく、「顔がはっきりしない人間が見える」「男性か女性かわからない人間が立っている」「人間らしい姿のものが見える」など体の一部がはっきりしない人間が見えると訴えることが多いのです。

2

幻視に対する患者さんの反応をみますと、幻視が見えるわりにはあまり怖がらなかったり不安に感じなかったりする患者さんもいれば、Cさんのように「血みどろの落ち武者が自分のほうに向かってくる」「虫がたくさんいて寝られない」などの不安や恐怖感をもつ患者さんもみられます。幻視に対する不安や恐怖感の有無やその状態をよく観察したうえで個々の対策を考えるようにしていきます。

3

Cさんの場合、実際に血みどろの落ち武者が自分のほうに向かってくるわけですから、家族が患者さんをかばうようにその落ち武者の前に立って追い払う動作や行動をするとよいかもしれません。

あるいは患者さんを抱えて別の部屋に移動す

るのもよいでしょう。レビー小体型認知症でみられる幻視は、視線を変えたり別の場所に移動したりすると消えてしまうことが多いのです。なんらかの行動を取ることで患者さんの目の前に見える怖いもの、恐ろしいものはスッと消えてしまうのです。

4 患者さんが幻視を訴える時刻や場所を把握することも解決策につながります。

たとえば、夕方に怖い幻視を訴えるときには室内の点灯を早めに行うことで幻視が出てこないこともあります。あるいはある部屋にいるときに幻視を頻繁に訴えるときには、その部屋になるべくいないようにすることで幻視の訴えが減ってくるかもしれません。

夜間に覚醒したときに部屋が真っ暗の状態のなかで幻視が見えることもあります。その場合には寝室の電気を消さずに寝るようにします。夜中に起きても部屋が明るいことから幻視が出現してくることがなくなります。

介護のポイント

- 幻視を怖がる患者さんには「心配いらないこと、大丈夫なこと」を伝えて安心感をもてる接しかたを心がける
- 幻視は夕方や暗い場所で出現しやすいことから、照明などを早めに点灯する、部屋を暗くしないなどの工夫を行う

事例４

電気コードがヘビに見えると訴えるDさん

さっきからあそこに誰かが立ってるんだけど！　誰なのかしら？

お母さん、あれは服がかかったハンガーよ。

キャー！　早く来て！　部屋の中にヘビがいる！

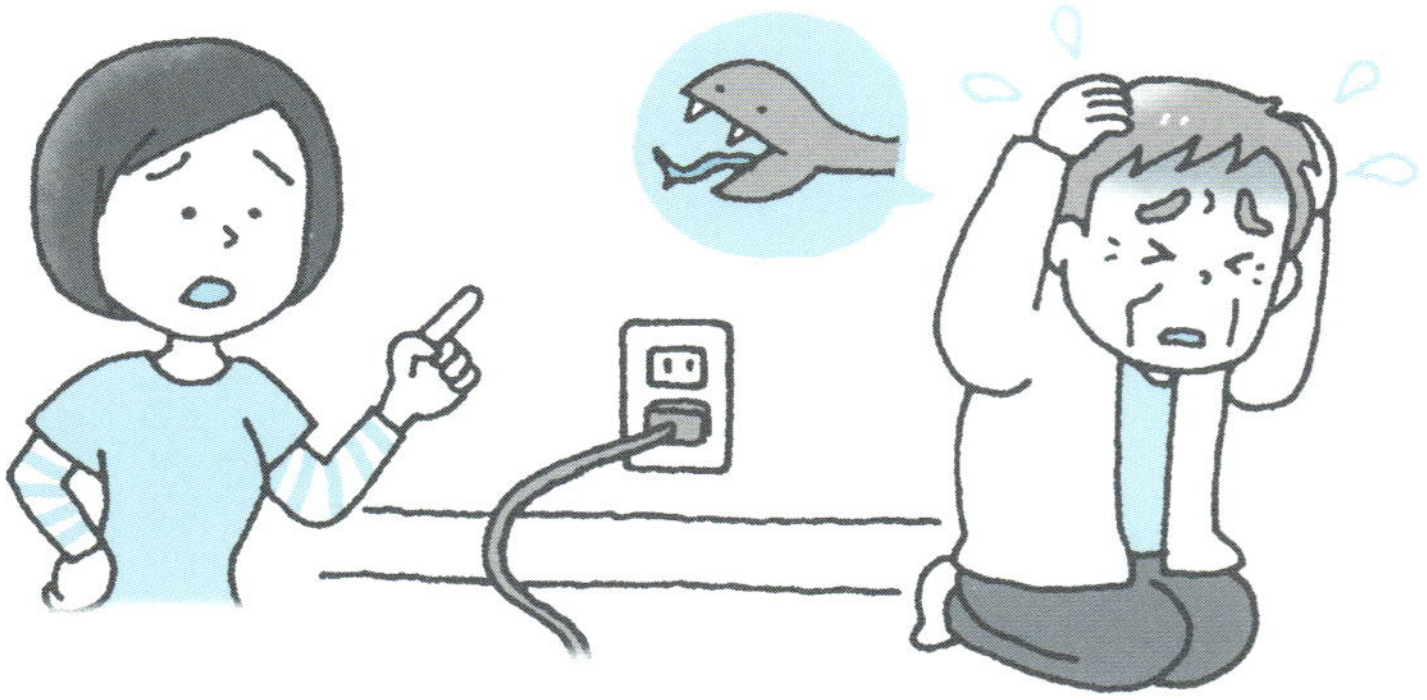

お母さん、これは電気のコードで、ヘビじゃないわよ。

ヘビが出たと言うときに、保健所や警察に連絡して捕獲してもらうよう訴えるので、家族は困ってしまっているのです。

ご家族の方にはどのように対応してもらうのがよいのでしょうか？

解説

レビー小体型認知症では視覚的な異常を訴えることが多いのです。幻視以外にある物を別の物と見間違える錯視《さくし》、周囲の物が歪《ゆが》んで見える、動いてみえる変形視、よく知っている人物を別の人物と認識してしまう人物誤認が代表的な訴えとなります。

Dさんは、ハンガーにかかっている衣服を人間と間違える、電気コードをヘビと見間違える症状を示しています。これは「錯視」と呼ばれるものでレビー小体型認知症ではしばしばみられる症状といえます。床のゴミを虫と見間違えてその虫をさかんにつかもうとする行動を示すこともあります。これは錯視にもとづいた行動なのです。ただし、患者さんにとって錯視は幻視ほど怖い対象にはならないようですので、積極的な対策を講じなくてもよいことが少なくありません。介護の原則は、患者さんの訴えを否定するのではなく、「その訴えを家族はきちんと聞いています」とのメッセージを患者さんに伝えることです。

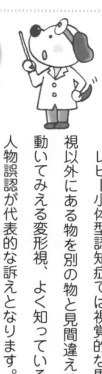

こんなときはどうする？

1

レビー小体型認知症でみられる錯視は、患者さんの生活に大きな支障を及ぼすことはないので、患者さんの訴えを聞いてあげるだけでよい場合が少なくありません。

患者さんの世界では、長い電気コードがヘビに見えているのです。錯視の訴えがある場合、大部分の患者さんではその錯視に対して怖がることは少ないので、患者さんの訴えを傾聴するだけで事は足りると思います。

2

患者さんによっては、錯視の対象を怖がったり不安を抱いたりすることがあります。ヘビが自宅内を移動していたら誰でも怖がるでしょう。

患者さんに「あれはヘビではない」と言っても患者さんの安心感にはつながりません。「大丈夫ですよ、あのヘビはすぐにいなくなるから」「心配いらないよ、しばらく別の部屋でお茶でも飲みましょう」と伝えるだけでも患者さんは安心するものです。

3

床に落ちているゴミや毛玉を、虫と間違えてつかみ取ろうとする行動を示す患者さんもいます。これも錯視に伴う行動と理解することができます。

家族によっては、それは勘違いであると言って患者さんの行動をやめさせようとすることがあるかもしれません。しかし、患者さんにとっては、床に虫がいて気持ち悪いのです。虫を取り除きたいとの思いがあるのです。ですから患者さんが納得するまで好きなようにさせてあげることも間違った対応ではありません。

どうしてもやめさせたいときには、患者さんに別の行動を促すようにするとよいでしょう。たとえば「一緒に洗濯物を取り込みましょう」「ちょっと買い物に出かけるのでつき合ってください」などと言って、患者さんの気持ちを床の虫からほかのことに向けるようにすると、虫をつかむ行動がおさまることが多いようです。

4

家庭内で錯視の原因となっている器具や家具を取り除く、あるいは患者さんの目につかないところに置き換える対策も重要です。

衣服のかかったハンガーは、部屋の壁などにかけずにタンス内にしまうことなどで錯視を軽減できます。電気コードは壁際にまとめるなど、患者さんの目につかないように工夫をするとよいでしょう。

介護のポイント

- レビー小体型認知症患者さんにみられる幻視や錯視、妄想などに対する原則として、頭から患者さんの訴えを否定しないこと
- 患者さんの訴えを「私たちは真剣に聞いていますよ」とのメッセージが、患者さんに届くような接しかたや態度が重要

事例5

長男を自分の父親と認識しているEさん

最近、母が人を呼び間違えたり、亡くなった父がいると言ったりするんです。

食事を作る量が変だったり、薬の管理もできないようです。

「部屋に知らない人がいるんだけど、顔はぼんやりしていて見えない」と言うこともあるし、母に何が起こっているのでしょう？

解説

Eさんのようにある人物を別の人物と認識する症状は「人物誤認」と呼ばれています。多くは、家族あるいは親族など身近な人物を別の家族、あるいは親族と間違えて認識することが多いようです。

たとえば、妻を自分の妹と間違える、夫と息子の区別がつかず夫を息子の名前で呼ぶ、息子が目の前にいるのにその息子に向かって「息子はどこにいる」と尋ねるなどの状態がみられます。この人物誤認は、記憶障害や思考障害に由来する妄想の一種と考えられています。

また、認知症患者さんで「あなたは誰？」と尋ねてくることがありますが、これは人物に対する見当識障害によってその人物を認識できない状態であり、人物誤認とは異なる状態です。レビー小体型認知症では、ほかの人間がその人に入れ替わっていると確信する「カプグラ症状」と呼ばれる状態もしばしばみられます。

こんなときはどうする？

1

人物誤認は一種の妄想ですから、患者さんの訴えを否定する、頭ごなしに叱りつけて是正しようとするなどの対応は適切ではありません。たとえば、自分（夫）を死んだ父親と間違えるだけならば傾聴するだけでその場はすむかと思います。歳をとってきた配偶者の姿が自分の父親の姿と重なり合った結果、配偶者を父親と誤って認識してしまうのかもしれません。Eさんも60歳になった長男を見て自分が小さかったころの父親の姿を思い出しているのかもしれません。

2

自分を死んだ父親と間違えられた息子さんはびっくりするかと思います。さらにしばらくすると、前に父親と誤認したことはなかったかのように患者さんが振る舞うので家族は困惑することが多いでしょう。レビー小体型認知症でみられる人物誤認は、いつも誤認するのではなく症状が変動することも特徴のひとつです。ですから介護する家族や周囲の人々は患者さんの訴えに振り回されず冷静に接することが求められます。

3

私は、患者さんが人物誤認を訴えるとき「そうですか、その方はどのような性格の方なのですか、仕事は何をしていたのでしょうか」などと患者さんに尋ねながら会話を進めるようにしています。患者さんもうれしそうにその人物について話をしてくれます。しばらくそのようなやり取りをしていると患者さんの関心が別のことに向いてくることが多いので、今度はその話題に転じて会話をしていきます。家庭内でもこのような対応が望ましいと思います。患者さんは話を聞いてほしいのです。

4

人物誤認を訴える患者さんの多くは、誤認をしていることに無頓着なことが多いので「それは違うよ、ちょっと勘違いしているね」と伝えると「そうだったかね」と納得することがあります。間違えられた家族がやんわりと否定する対応もよいかと思います。

5

Eさんは、3人家族なのに4人前の料理を作ります。このように家族の人数以上に料理を作る行動は、レビー小体型認知症ではよくみられるものです。とくに支障がなければ患者さんの好きなようにさせてあげるとよいかと思いますが、なんとかしたいと考える場合には、料理を作っている患者さんの横に立って「今日、ひとりは夕飯をいらないと言っていたので3人分の料理でよいから」と伝えるようにするとよいでしょう。

介護のポイント

- 人物誤認に対して、否定をする、考えを是正しようとする対応は適切ではない
- 人物誤認によって周囲が多大な迷惑を被ることは少ないので、経過をみていくだけでよい場合がほとんど。また、常に誤認がみられるわけではないことも理解しておくとよい

事例6
調子の良いときと悪いときが目立つFさん

Fさんは調子の良いときは、散歩に出かけたり、家事もある程度こなせますが……

調子が悪くなると、ボーッとして動かなくなり、話す内容もトンチンカンなときがあるそうです。
お母さん…？

母の調子が悪いときは、家族はどのように接したらよいのでしょうか？
調子の良いときと、悪いときの差が大きいことをご家族に理解していただく説明が必要ね。

解説

レビー小体型認知症の特徴のひとつに、調子の良いときと悪いときが目立つことが挙げられます。医学的には「症状の動揺性が目立つ」といわれています。1日のなかで朝の起床時や昼寝から寝覚めたときに調子が悪いことが多いのですが、数時間するとしっかりしてくるのです。介護する家族や周囲の人々はこの動揺性を理解したうえで患者さんと接することが求められます。調子の良し悪しは、認知機能障害のみにとどまらず、幻視や妄想などの精神症状やパーキンソン症状、睡眠、食欲など広い範囲でみられることが多いのです。

この調子の良し悪しは、ドネペジルなどの抗認知症薬を服薬中の患者さんにもしばしばみられます。家族や周囲の人々は、調子の悪い時期を経験すると、患者さんの認知症が進行したと考えてしまうかもしれません。しかし、この状態は、認知症が進んだ結果ではなく、一時的に調子が悪くなっているだけなのです。

こんなときはどうする？

1 まず大切なことは、レビー小体型認知症では調子の良し悪しがあることを理解することです。この調子の良し悪しは1日のなかでみられることもありますが、週単位あるいは月単位で出現することもあります。調子の悪い時期が数カ月継続し、その後、調子の良いときが半年続くこともあります。調子の良いときには介護する家族の負担は少ないと思いますが、問題は調子の悪いときの対策です。

2 調子の悪いときの対応を考える場合、患者さんが示すその調子の悪さの状態や程度によって対応が異なるかと思います。じっとしている、あるいは〝ボーッ〟として何もしない状態のときには、必要最小限の声かけを行い栄養の維持や身体の清潔を保つようにするとよいでしょう。食事が進まない患者さんには、患者さんの好きな食べ物や栄養価の高い食べ物を選択し、可能な範囲で食べてもらうようにします。食べない期間はそれほど長期に及ぶことはないので、家族はしばらく我慢をして見守るのがよいでしょう。

3 調子の悪いときに妄想や幻覚がより活発化してくる場合があります。これに対しては有効な対策を講じにくいのですが、家族の負担が大きいときには主治医に相談をして薬物療法を考えるようにします。

4

パーキンソン症状では自発的に動かない、転びやすい、長時間歩くことができないなどの運動障害が悪化することもあります。調子の悪いときには、長時間の散歩や外出などは避けるほうがよいでしょう。散歩の途中で動けなくなることがあります。

5

混乱や興奮がみられるときには余計な介入をしないで見守りを中心とした介護を行います。この時期に無理やり介入をすると患者さんとの間でトラブルを生じかねません。介護する家族にとって精神的な負担は大きいと思いますが、レビー小体型認知症ではどうしてもこの調子の悪い時期が出てくることは避けられないのです。在宅での生活に限界を感じるときには、ショートステイや短期的な入所などによって一時的に施設に預かってもらうのも選択肢のひとつです。担当のケアマネジャーらに相談をするとよいでしょう。

6

患者さんに重要なことをお願いする、必要な書類に署名をしてもらう、リハビリテーションを受けるなどの行為は、調子の良い時期を選んで行うようにします。

介護のポイント

- レビー小体型認知症では、症状が動揺することが多いことを理解しておく
- 調子の良いときと悪いときでは、対応の仕方が異なることを理解したうえで、患者さんに接することが求められる

事例７　夜怖い夢を見て大声を出し、手足をバタバタ動かすＧさん

Ｇさんは、睡眠中に大声を出したり、畳をどんどん叩く行動がみられるようになったそうです。

知らない人と口論になったり、殴られそうになる夢をよく見るんだ。

最近では、夜中に目を覚ますと、動物が妻の布団の中に入ったり、上に乗ったりしているのが見えて、そのころから右手に震えが出たり、歩くのも遅くなってしまったような気がしてるよ。

解説

レビー小体型認知症でみられる睡眠障害の特殊なタイプとしてレム睡眠行動障害があり、Gさんにみられる「睡眠中に大声を出す」「畳をどんどん叩く」などはこのレム睡眠行動障害による症状といえます。レム睡眠行動障害は、睡眠中に大声を出したり、大笑いしたり罵声をあげたりし、同時に手を伸ばす、周囲の物をつかんだり叩いたりする、横で寝ている人を叩く、殴る、蹴っ飛ばす、さらにベッドから飛び上がる、室内を歩き回るなどの行動障害がみられます。これらの症状には、抗てんかん薬のクロナゼパム（商品名：リボトリール、ランドセン）という薬剤がよく効くことが多いといわれています。薬物療法と同時に患者さんの睡眠時の環境整備が重要になってきます。Gさんは、夜間の幻視とパーキンソン症状を伴っています。このようにレビー小体型認知症の症状をいくつかもつときには、患者さんや介護する家族が何を一番困っているのかを決めたうえで、まずその症状の軽減を図るようにします。

こんなときはどうする？

1 横で寝ている人間が叩かれたり殴られたりする場合には、患者さんと寝室を別にする、あるいは同じ部屋でも少し離れた場所で寝るようにします。患者さんがひとりで寝るときには部屋の中央に布団を敷く、あるいはベッドを置くようにします。

2 患者さんの近くにある家具などは撤去するのがよいでしょう。なぜならば寝ているときに家具を叩いたり蹴っ飛ばしたりして思わぬケガをする危険性があるからです。ベッドを使用している場合、寝ているときに体動が激しく転落する危険があるときには、布団に変えたほうがよいでしょう。

3 患者さんが悪夢によってうなされたり苦しそうな様子がみられたりするときには、声かけを行ったり、目覚ましを使用したりして覚醒させてあげるのがよいかもしれません。

レム睡眠行動障害を示す患者さんは容易に覚醒できることから悪夢の中断につながります。ただし、急に覚醒することで、悪夢と現実を混同し周囲の者への暴力行為などがみられる危険性もあるので注意が必要になってきます。

4 環境整備も重要ですが、レム睡眠行動障害は原則として抗てんかん薬のクロナゼパムがよく効くので、まず医師に相談をしてこの薬を処方してもらうのがよいと思います。

クロナゼパムは、通常てんかんに使用する量の10分の1くらいの用量で効果を発揮します。就寝前の服薬で患者さんは熟睡ができるようになり悪夢を見なくなったと述べることが多いのです。介護している家族は、寝言や大声を出さなくなった、体をバタバタするなどの体動がなくなった、静かに寝てくれるようになったと感じることが多いようです。

クロナゼパムは、服薬開始時のふらつきや傾眠などがなければ長期間服薬をしても比較的安全な薬です。

5

環境整備や薬物療法はレム睡眠行動障害に対して重要なことですが、患者さんに危険性がない、あるいは少ないときには見守りを行うだけでよいこともあります。

介護のポイント

- レム睡眠行動障害がみられるとき、まずは患者さんならびに家族の身体的危険性を軽減できる環境整備を心がける
- 薬物療法が期待できることから、かかりつけの医師に相談をするとよい

事例8 自宅や路上で転倒しやすいHさん

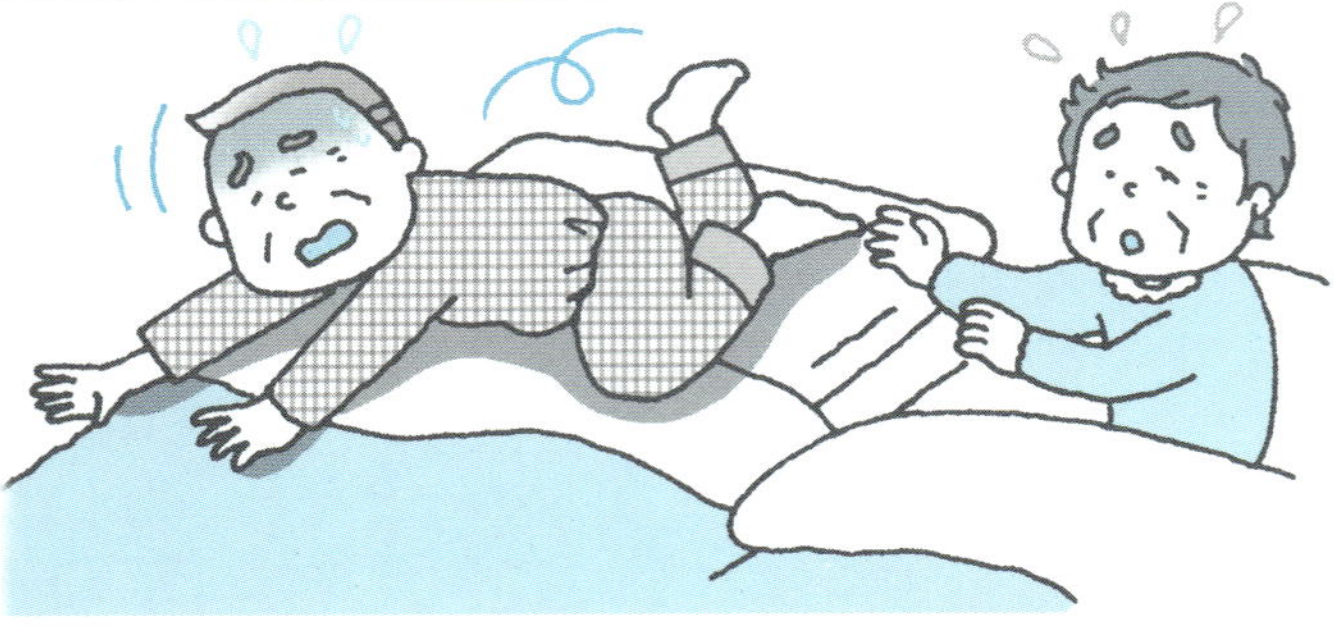

Hさんは、1年前にレビー小体型認知症と診断され、服薬で幻視は軽減しましたが、転びやすくなってしまいました。

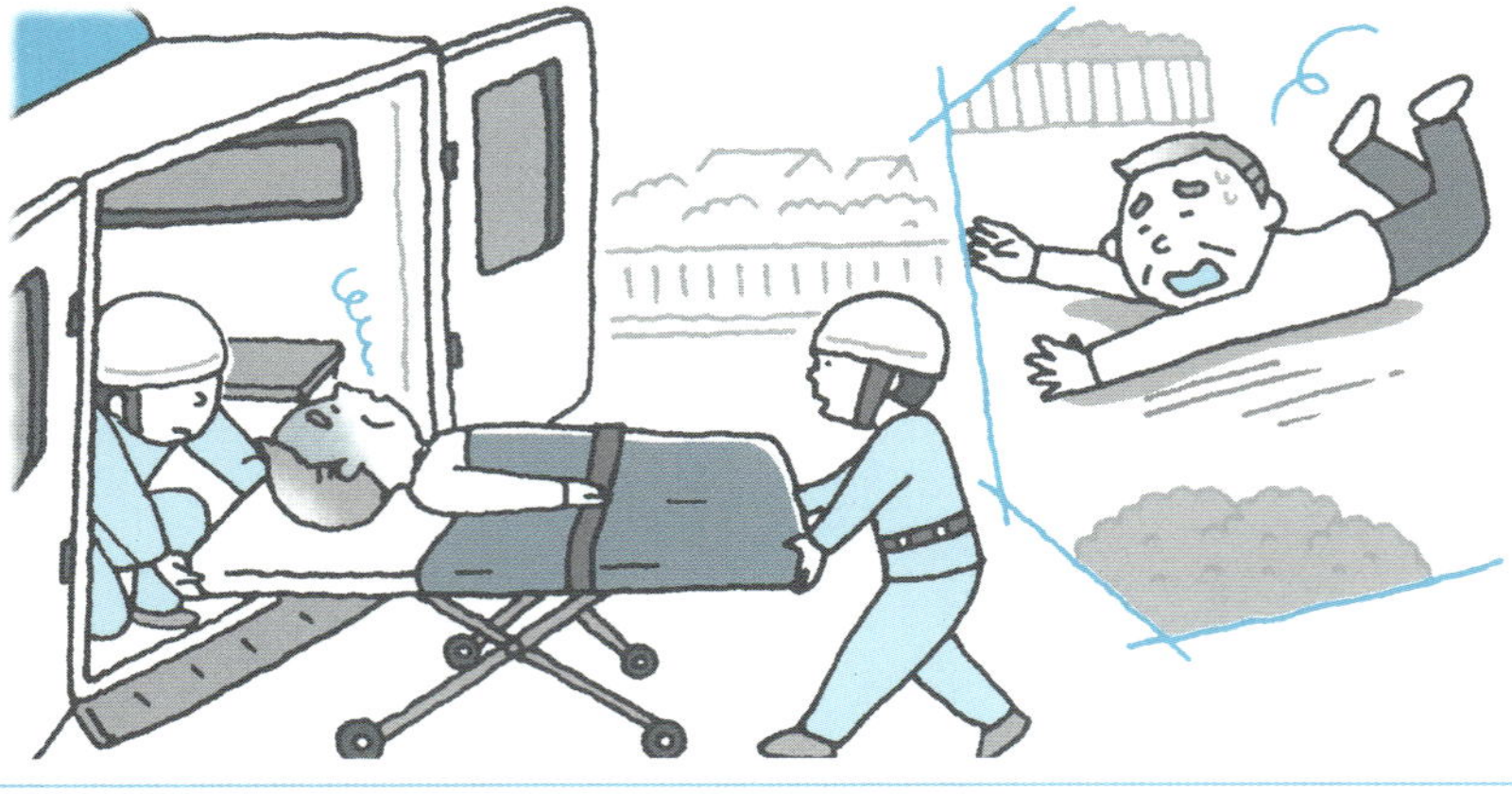

散歩中に路上で転んで救急搬送されたことも。

家族はどのようなことに気をつければよいのだろうか?

解説

レビー小体型認知症では、パーキンソン症状が原因となり転びやすくなります。そのため自宅内の環境整備や外出の際に注意が必要になってきます。パーキンソン症状とは、動作が遅くなる（動作緩慢）、手足の震え（振戦《しんせん》）、筋肉がこわばる（筋強剛《きんきょうごう》）、転びやすい（姿勢反射障害）などがみられる脳の病気です。とくに姿勢反射が障害を受けることから、後方に転びやすくなることを覚えておくとよいと思います。

また、加速歩行といって、歩行をしていると徐々に速度が速くなり自分で止まることができなくなってくることがあります。この場合には前方に転倒しやすくなってきます。歩く速度が速くなり始めたら一時的に歩行をやめて、小休止をしてから再び歩き始めるようにします。薬物療法として抗パーキンソン病薬を使用しますが、薬剤によっては幻覚や妄想が出現しやすいこともあるので、脳神経内科の専門医に相談をして薬を処方してもらうとよいでしょう。

こんなときはどうする？

1

立ち上がったり階段を昇降したりする際に、しばしばバランスを崩して転ぶことがあります。これは立ち上がるときに急に血圧が下がる「起立性低血圧」、あるいは「姿勢反射障害」が原因となっています。イスや布団からゆっくり立ち上がること、後方からの声かけを避けるようにします（振り向こうとして姿勢を崩すので）。声かけは患者さんと対面して前方から行うようにします。

2

自宅内で滑りやすいもの、つまずきやすいものを除くようにします。マット類の除去あるいはコード類は壁際にまとめる、床や畳に不要なものを置かないなどの対策を講じます。

3

転倒に備えて服装や整容を考えるようにします。衣服の裾は短めにしてスリッパやサンダルを避け、底の薄い運動靴に変更します。転んだ際に両手が使えるように、両手にはものを持たないようにします。

4

夕方になったら早めに室内の点灯を行います。薄暗くなると視覚的情報の入力が不良となり転びやすくなるからです。夕方から寝る前までの時間帯では家族の見守りがより必要になってきます。トイレに行くときには家族が付き添っていくのがよいでしょう。

5 可能ならば自宅内をバリアフリーに改修するとよいのですが、そこまでできなくても浴室や階段、廊下などに手すりをつけるだけでも転倒防止につながると思います。できる限り室内の段差をなくすようにします。患者さんが2階で寝起きをしている場合、可能ならば階段を利用しないですむ1階で生活できるように環境を整備します。

6 外出時には杖や押し車を使用する、家族が手を引くなどして、転倒の予防を心がけます。パーキンソン症状のひとつに最初の一歩が出にくいことがあり、エスカレーターは転倒の危険性があるので使用を避け、エレベーターを利用します。

7 パーキンソン症状に対するリハビリテーションやデイケアなどを積極的に利用するようにします。これらを行うことで転倒の危険性をかなり減らすことができると思います。また、主治医の先生に相談して抗パーキンソン病薬を処方してもらうことも考えましょう。

介護のポイント

- **レビー小体型認知症では、常に転倒の危険性があることを忘れないようにする**
- **転倒するだけで認知症が進行する場合もあるので、転倒予防の対策を講じることが大切である**

事例9

家族が自分をだましていると訴えるＩさん

最近、父は自宅にいるのに「家に帰る」と言うようになりました。

また、家族が自分をだましていると考えているらしく、「自分はある場所に閉じ込められている」と言って、明け方に警察に電話を入れたりするので困ってしまいます。

このごろは、「大きな牛がベッドの上に出てくるのだけど、しばらくすると消えてしまう」と言うようになりました。家族はどう対応したらよいのでしょう？

解説

Ｉさんは、もの忘れ症状に幻視や妄想がみられ、レビー小体型認知症と診断されています。レビー小体型認知症では、被害的な妄想がしばしばみられ、Ｉさんのように妄想に支配されて警察に電話を入れたり、妄想の対象となっている人間に危害を加えようとする行動がみられることがあります。妄想は、訂正不能の誤った確信です。患者さんの考えを訂正したり、間違いを指摘する対応は好ましくありません。対応の原則は、患者さんの訴えを肯定的に傾聴する姿勢です。ただし、妄想に左右されて周囲に迷惑をかける行動がみられる際には、迷惑を被る周囲の人々に対する具体的な対策が求められます。

また、レビー小体型認知症の幻視は、少し時間が空いたり視線をずらしたりすると消えてしまうのが特徴です。本事例でもベッドの上に見えた牛が、しばらくすると消えてしまうと患者さんは述べています。ここでは妄想に対する対応を考えてみましょう。

こんなときはどうする？

1

妄想は、訂正不能の誤った確信といえます。つまり、客観的には患者さんの考えは誤っています。しかし、患者さん自身はそのことを絶対的な事実であると信じており、その誤った考えを周囲が訂正することは困難なのです。

レビー小体型認知症でみられる妄想は被害的なものが多いのですが、患者さんの訴えを否定する、事実ではないと言って叱るなどの対応は原則として不適切です。患者さんの訴え（家族にとって不快なことでも）を傾聴する、肯定的な態度を示しながら聞いていくことが妄想に対する介護の原則です。

2

妄想を訴える患者さんの心の中には不安や心配などの気持ちが潜んでいることが多いのです。本事例でも自宅にいることを認識できず、その結果、自分がどこにいるのかがわからず不安となり、ある場所に閉じ込められていると考えてしまっています。患者さんが今いる場所が自宅であることを認識できる対応が必要になってきます。患者さんの不安や心配、恐怖感などを軽減する、あるいは安心感を得ることができるように、家族や周囲の人々が対応することが重要なのです。

3

妄想に支配されて患者さんが警察に通報したり、隣人に攻撃的な言動を浴びせたりすることがあります。その際には、警察や関係する人々に患者さんが病気であること、その病気によって迷惑な行動をすることがあることなどを説明し、周囲の人々に理解してもらっておくことが必要になります。

4

妄想をある程度軽減できるとされる薬剤があるので、家族が困る場合には主治医に相談をするとよいでしょう。

ただし、レビー小体型認知症は精神や神経に影響する薬剤に対して過敏性を示す場合があります。主治医とよく相談したうえで薬剤を選択し、患者さんの状態を今以上に悪くさせない対策を講じることが重要です。

5

前日の睡眠不足が翌日の妄想を活発にさせることもあります。日々の睡眠をきちんと確保できるように日中の活動量を高めるなどの工夫を行い、夜間しっかり寝てもらうことが妄想の軽減につながります。主治医に安全な睡眠薬などの処方を依頼することを考えてもよいでしょう。

介護のポイント

- 妄想に対しては、肯定的な態度を示しながら傾聴する姿勢が求められる
- 相手が真剣に聞いてくれていると患者さんが思うことで安心感が生まれ、妄想の軽減につながることが少なくない

事例10 夫が浮気をしていると訴えるJさん

Jさんは、夫が浮気をしていると思い込むようになりました。

夫が強く否定しても聞かず、最近では、夫に暴力をふるうようになりました。

デイサービスでもほかの利用者を叩いたりするようになってしまい、問題になっています。

妄想にどう対応すればいいのだろう?

解説

レビー小体型認知症でみられる妄想は、アルツハイマー型認知症でしばしばみられるもの盗られ妄想よりも「誰かからいじめられている」「配偶者が浮気をしている」などの被害的な妄想が多いようです。患者さんはそのことを事実だと確信していることから、家族や周囲の人々がその誤りを指摘するのは適切な対応ではないとよくいわれています。

しかし、私は妄想の内容によっては否定をする、否定をしたほうがよい場合もあるのではないかと考えています。たとえば、配偶者が浮気をしている、隣人が自宅に侵入してきて金銭を盗んでいくなどの訴えを肯定的に傾聴すると、患者さんのなかには「やはり浮気をしているのだ!」「隣人は泥棒だから懲らしめのため殴ってやろう!」などと考えてしまうかもしれません。その訴えは「事実ではありませんよ、考え違いをしているのではありませんか」との趣旨でやんわりと否定をする、事実ではないことを伝えることも考えていくべきだと思います。

こんなときはどうする？

1

Jさんは、夫が外で浮気をしているのではないかと疑っています。もちろんご主人にとってはまったくの濡れ衣で、毎日のようにその件で患者さんから責められていることから大変な苦痛を感じています。

当然、夫は、患者さんの言い分を頭ごなしに否定するのですが、それがまた患者さんを怒らせる要因になり夫婦間の諍《いさか》いが絶えない状況になっています。では、よくいわれるように患者さんの訴えを肯定的に傾聴すれば問題は軽減するでしょうか。私は、このケースではむしろ逆効果になると思います。患者さんの訴えに対して返答をせずに聞いていると、患者さんは「返事ができないのは、やましいことがあるからに違いない」と考えてしまうかもしれません。

2

妄想の内容によっては否定をするほうがよい場合もあります。Jさんの夫も妄想に対して否定をしているのですが、頭ごなしに大きな声で否定するので患者さんは納得しないのかもしれません。娘や息子、嫁などの第三者を交えて患者さんの考えは事実ではない、考え違いをしているのではないかと、やんわりと否定をするとうまく収まることがあるので一度は試みてください。

3

実際には事情を説明し、やんわりと否定をすることで患者さんが納得をすることはそれほど多くはありません。さらに納得しても、後日その妄想を蒸し返すこともしばしばあります。可能ならば患者さんと妄想の対象となっている人物（この場合には夫）を物理的に分離することも選択肢のひとつです。

たとえば、患者さんに毎日、デイサービスを利用してもらうことで日中の夫の負担は軽減するかと思います。逆に夫にデイサービスに行ってもらってもよいかもしれません（ただし、夫の外出が、浮気に出かけているとの患者さんの疑念につながる危険性もあります）。

4

患者さんの気持ちを外に向ける対策を考えてみるのもよいかと思います。自宅にこもりがちになるとどうしても妄想が浮かんできてしまうことから、家族全員で外出するなどの対策を考えるとよいでしょう。

5

妄想を軽減できる薬剤もあるので医師に相談をしてみるとよいのですが、レビー小体型認知症では薬剤への過敏性があることから、その使用には注意が必要になってきます。レビー小体型認知症では、抗精神病薬のクエチアピン（商品名：セロクエル）が比較的安全に使用できるとされていますが、糖尿病をもつ患者さんには禁忌《きんき》です。

介護のポイント

- 傾聴も重要だが、妄想の内容によっては傾聴以外の対策が必要になってくる
- 患者さんと妄想の対象となっている家族との物理的な分離も選択肢のひとつになる

事例11 夜寝ないで騒ぐ、興奮するKさん

大腸ポリープの手術で入院したあと、Kさんは昼夜が逆転してしまいました。

夜中に大声を出したり、動き回るだけでなく、「ご飯を作ってくれ」などと言い始め、家族は困っています。

「悪い奴らを懲らしめるために20人ほどの子分を連れて追いかけている」と言って夢と現実が混乱した状態も示しています。

解説

レビー小体型認知症は、睡眠と覚醒のリズムがしばしば乱れることで寝つけなかったり（入眠障害）、深夜の覚醒（中途覚醒）、早朝に起き出して困った行動をする、さらに進むと昼夜逆転となり、家族の精神的、身体的な負担が大となってきます。睡眠障害は、一度生じるとなかなか元の状態に戻すことが困難となることが多いのです。睡眠障害に限らずレビー小体型認知症患者さんにみられる行動・心理症状（ＢＰＳＤ）は、生じたあとの対策が後手後手に回ることがほとんどなのです。ですから最も大切なことは、これらの行動・心理症状（ＢＰＳＤ）を生じさせない対応、接しかたなのです。

睡眠障害に関していうならば毎日の睡眠と覚醒のリズムを壊さないようにすべきです。必要時には睡眠薬などの導入も考えることになりますが、レビー小体型認知症では、睡眠薬を含む薬剤への過敏性がみられる可能性を否定できないため、薬剤の使用は慎重にすべきです。

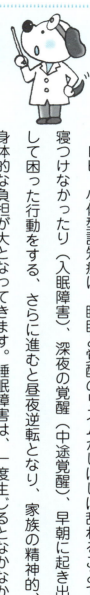

こんなときはどうする？

1

レビー小体型認知症では、睡眠と覚醒のリズムが乱れやすいことが特徴です。睡眠障害が出現してからの対応は困難なことが多いので、まず大切なことは、この睡眠と覚醒のリズムを維持できるように工夫をすることです。そのためには起床と就寝時刻を一定にし、3食規則正しく食べる習慣を壊さないこと。日中の活動性を高めることで心地よい疲労感をつくることです。

2

夜寝ない患者さんに対してなんとか寝かせようと考えることが多いと思いますが、夜寝かせる対策よりも、日中寝かせずに活発に活動してもらい、適度の疲労感を与えるほうが夜間の睡眠確保に有効といえます。たとえば、毎日、デイサービスやデイケアを利用することで昼間寝させないようにし、さらに適度の疲労感を得ることができるのです。

3

Kさんの場合、すでに睡眠と覚醒のリズムが大きく崩れていることから、薬を使用しないで睡眠を確保することは困難かもしれません。医師に、患者さんに合う睡眠薬などを処方してもらうよう依頼するのも選択肢になるかと思います。その場合、ぜひ注意してもらいたいことは、レビー小体型認知症では薬剤への過敏性がしばしばみられることです。夜間の睡眠を目的に使用した薬剤によって逆に不眠になる、あるいは興奮する、攻撃的になるなどの場合があります。レビー小体型認知症患者さんでは、神経や精神に作用する薬剤を服薬する際には細心の注意が必要になってきます。

4

昼寝は午後3時前に20分前後が望ましいのですが、この時間制約がなかなか認知症患者さんでは守れないようです。ですから昼寝は可能な限りさせないほうがよいかもしれません。

5

Kさんには幻視とレム睡眠行動障害もみられています。レム睡眠行動障害には抗てんかん薬のひとつであるクロナゼパム（商品名：リボトリール、ランドセン）がよく効くのですが、この薬剤は、副作用として眠気が出やすいことがあります。レム睡眠行動障害に対するクロナゼパムが夜間の睡眠障害に対しても効果を期待できる場合もあります。一石二鳥といっては語弊がありますが、Kさんにはまず、クロナゼパムを使用するとよいかもしれません。

介護のポイント

- 睡眠と覚醒のリズムを壊さないようにする
- 規則正しい生活と日中の活動性を高める工夫をする
- 必要に応じて、適切な睡眠薬の使用も選択肢となる

事例12 幻聴に影響されて深夜に出て行ってしまうLさん

1年前から知らない人が家に入ってきて座っているようになりました。後ろ向きで座っているので顔は見えないのです。話しかけても返事はありません。

最近は近くにできた老人ホームから私を呼ぶ声が聞こえるので、「行かなくちゃ！」って思うんです。

母は近くにできた工場を老人ホームだと思い込んでいて、夜中に家を出て行ってしまうのです。

解説

幻聴は、レビー小体型認知症でもそれほど頻繁にみられるものではありません。聞こえる内容も「自分の悪口を言っている」といった具体的なものから意味不明の内容であったり、ジージー、ガーガーといった機械音であったりと多彩です。患者さんが幻聴に対してあまり苦痛を感じていない、こんな声が聞こえるくらいに感じているときには、その内容を傾聴し心配いらないことを伝えるとよいでしょう。

一番困ることは幻聴に影響されて周囲が困る行動を起こしてしまうことです（医学的には「幻聴に支配された行動化」と呼びます）。たとえば、誰かが殺されたとの声が聞こえることで警察に通報する、隣人が悪口を言っているから殴ってやろうなどの行動を生じるならば、なんらかの対策を講じるべきでしょう。患者さんが頭の中で音がすると訴えるときは、稀《まれ》に耳鳴りを幻聴と考えている場合があるので、患者さんの訴える内容を吟味することが必要になってきます。

こんなときはどうする？

1

幻聴があっても患者さんがあまり気にしていない、たとえば「誰かがなにかを言っているのが聞こえる」と言いながらもそれに対してあまり困っていないようでしたら、しばらく経過をみていくだけでよいでしょう。患者さんが幻聴を訴えるときには、しばらくその内容を傾聴し、心配いらないことを伝えるようにします。

2

幻聴で最も困ることは、聞こえる声の指示に従ってしまい、いろいろ困った行動を起こすことです。

たとえば、Lさんのように、自分を呼ぶ声が聞こえるからと言って深夜に出て行こうとする場合です。このように幻聴に影響されて周囲に迷惑な行動を起こしてしまう患者さんでは、なんらかの対策を講じる必要があります。

3

Lさんの場合、夜間に玄関から出て行こうとするので、玄関の上方に別の鍵を設置して出ていけないようにする、窓などの開閉に対してロック機能を利用する、玄関にセンサーマットなどを敷き、出て行こうとするときに音が鳴るようにして早めに家族が気づけるようにする、などの対策が考えられます。

しかし、実際にはなかなかうまくいかないことも多いようです。閉じ込めるのではなく家族が一緒に出かけるのがよい、と介護の本には書かれていますが、実際に深夜から明け方に出て行こうとするときに家族が一緒に出かける対策は現実的には無理でしょう（そのような対応をしていたら家族は疲弊してしまいます）。

4

最良の方法とはいえませんが、夜間に患者さんが睡眠できるように薬物療法を利用することを考えてもよいでしょう。主治医に相談をして患者さんに合った薬剤を処方してもらうようにします。

Lさんの事例では、抗精神病薬のひとつであるクエチアピン（商品名：セロクエル）を1錠服薬してもらうことで夜間の睡眠確保が可能となり、夜間の外出行動が軽減してきています。

介護のポイント

- 幻聴が患者さんにとってそれほど苦痛になっていない場合には、傾聴だけで対応できることが少なくない
- 幻聴に影響されて周囲が困る行動を生じる際には、なんらかの対策を講じることが必要になる

事例13

不安や恐怖感の強いMさん

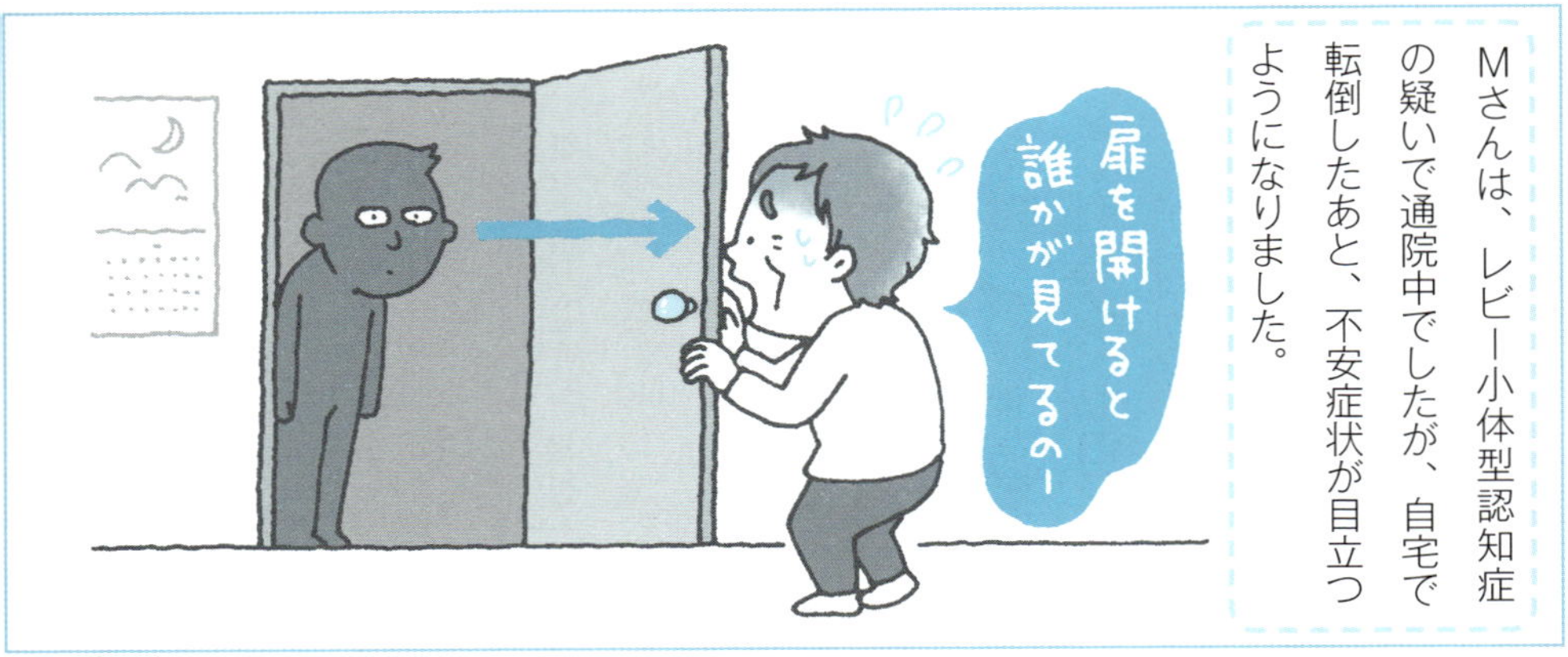
Mさんは、レビー小体型認知症の疑いで通院中でしたが、自宅で転倒したあと、不安症状が目立つようになりました。
扉を開けると誰かが見てるのー

訴える内容もいろいろで家族も困ってきています。
私はどうしたらよいの？
地球がなくなっちゃう
封筒がないとダメ
おちついて…

2人で死ねばよいのですか？ 母を入院させてください。
このままではご家族の負担も大きいなぁ。

解説

レビー小体型認知症では、うつや不安、恐怖感などの気分障害が目立つ患者さんも少なくありません。これらの気分障害が軽い場合には、介護する家族の負担はそれほど大きくはないかと思いますが、Mさんのように不安や恐怖感が強く、さらに1日中訴えてくるようになると家族の精神的な負担が大きくなるでしょう。

対応の原則は、患者さんが抱く不安や恐怖感の軽減を図ることです。そのためには、まず患者さんが示す不安や恐怖感にはその対象があるのか、あるいは対象がなく漠然とした不安や恐怖感なのかを見極めることが重要です。たとえば幻視などに対して不安を抱いている場合には、その幻視に対する対応が求められるのです。いっぽう、不安や恐怖感を抱かせる対象がなく漠然としたものでは、非薬物療法だけでは対応が困難になることが少なくありません。認知症専門医療機関を受診し、適切な薬物療法を受けることも選択肢のひとつになるかと思います。

こんなときはどうする？

1

家族がまず行うことは、患者さんがなにに対して不安や恐怖感をもっているのかを把握することです。夜ひとりで寝るのが不安なのか、室内に見知らぬ人間がいる、あるいは見えるので怖いのかなど患者さんの抱いている気持ちをまずつかむことが介護の始まりになります。しかし、レビー小体型認知症ではMさんのように具体的な対象がなく、漠然とした不安や恐怖感をもつことも少なくありません。

2

患者さんの抱く不安や恐怖感の対象がはっきりしているならば対策はより立てやすいと思います。たとえば、ひとりで夜寝るのが不安なら家族が同じ部屋で一緒に寝る、明かりをつけて寝る（暗い部屋を怖がる患者さんも少なくありません）、入眠するまで家族が見守ってあげるなどの対策を講じます。

3

Mさんのように不安や恐怖感の対象がはっきりせず、漠然とした不安や恐怖感をもつ患者さんでは、対応に困ることが多いのです。家族や周囲の人々が患者さんの不安や恐怖感の訴えを肯定的に傾聴することで、患者さんの症状の軽減を図れるかもしれません。そのとき重要なことは、「ここにいれば大丈夫だ、この人と一緒ならば安全だ」と患者さんが受け止められる接しかた、あるいはそのようなメッセージを家族が発信することです。

4

ひとりでいると不安や恐怖感が増幅することがあるので、日中可能ならばデイサービスやデイケアなどの利用、家族が散歩や買い物に誘い出すなどの対策もよいでしょう。気持ちが外に向かうと不安や恐怖感の軽減につながることが多いようです。

5

家族は、患者さんが示す不安や恐怖感が永続的に続くのではないかと思いがちです。しかし、認知症では家族が困る症状はある時期を過ぎると軽減したり消失したりすることがほとんどです。レビー小体型認知症では症状の動揺性によって不安や恐怖感が出現している可能性もあります。家族にとってしばらくは辛い時期かもしれませんが、少し経過をみていくことも選択肢のひとつになるでしょう。

6

患者さんの不安や恐怖感が強く対応に苦慮する場合には、かかりつけの先生に相談するとよいでしょう。不安や恐怖感を軽減できる抗うつ薬の使用などが選択肢になるのですが、レビー小体型認知症では薬剤への過敏性もあるので、薬剤を開始する際には細心の注意が必要になってきます。

介護のポイント

- 患者さんが不安や恐怖感を抱く対象があるならば、それに対する対策を講じる
- 対象がない場合には、患者さんの訴えへの傾聴と薬物療法が選択肢になることが多い

事例14 薬を飲むと興奮しやすいNさん

Nさんは、2年前にレビー小体型認知症と診断されましたが、症状は落ち着いていて家族を困らせるようなことはありませんでした。

しかし、2カ月ほど前から不眠を訴え始めました。

夜中に目が覚めると、部屋の中に知らない人が座っていてジーッとこっちを見てるから眠れないいんじゃ！

弱い睡眠薬を処方してもらったところ、眠れないだけでなく攻撃的な行動が出始めました。

どうしてこんなことになってしまったんだ！

解説

レビー小体型認知症の特徴のひとつに薬剤への過敏性があります。これは、薬剤の本来の作用とは異なる反応が急激に出現してくる状態を意味しています。たとえば、Nさんのように本来睡眠を目的に使用した薬剤によって、逆に不眠や興奮、不《ふ》穏《おん》などの不都合な状態を呈してくる場合です。この薬剤への過敏性は、アルツハイマー型認知症ではあまりみられず、レビー小体型認知症に特徴的な症状といわれています。

すでにアルツハイマー型認知症と診断されている患者さん、あるいは認知症とすら診断をされていない高齢者でこの薬剤への過敏性がみられるときには、レビー小体型認知症の可能性を考えるようにします。

どの患者さんが薬剤への過敏性を持っているか、どの薬剤が過敏性を示すのかを事前に知る手立てはありません。ですから、レビー小体型認知症と診断された患者さんでは、薬を飲む際には細心の注意が必要になってきます。

こんなときはどうする？

1

Nさんは、不眠の治療として作用が弱いといわれている睡眠薬を処方されたのですが、逆に不眠の悪化や興奮などの好ましくない症状が出現してきています。レビー小体型認知症でみられる薬剤への過敏性と考えるべきであり、直ちにこの薬を中止することが必要です。蛇足ですが、睡眠薬は効果の持続時間によって分類されており、効果の強弱で使用することはありません。効果が弱いといわれる薬剤は、作用時間の短い薬剤のことを指している場合が多いようです。

2

ではNさんの場合、どのように薬剤を選択したらよいのでしょうか。過敏性を示す薬剤かどうかを服薬前に判断するあるいは予測することは難しいのです。一番の対策は、精神や神経に影響を及ぼす薬剤を希望しないことです。Nさんの場合も、可能ならば睡眠薬を使用しないで夜間の睡眠を確保するのが最も安全な選択肢なのです。

3

夜間の睡眠確保のために日中の活動性を高める工夫をします。たとえば、介護認定後にデイサービスやデイケアを利用するのもひとつの方法です。午前中に日光を浴びながらの散歩もよいでしょう。寝る時間（就床時間）にはこだわらなくてよいのですが、起床時間は必ず一定にします。毎日同じ時間に起きることで睡眠と覚醒のリズムの確保が可能になるのです。

4

どうしても薬剤による睡眠確保が必要な場合には、レビー小体型認知症の診療にくわしい医療機関で相談をするとよいでしょう。ある薬剤に過敏性を示す患者さんでは、同様の薬効をもつ薬剤にも過敏性を示す危険性が高いので、薬効の異なる薬剤を選択するようにします。たとえば、抗精神病薬のひとつに位置するクエチアピン（商品名：セロクエル）の少量の服薬が、睡眠の確保につながることがあります。

5

レビー小体型認知症患者さんが新しく薬の服薬を開始する際には、ご家族は十分患者さんの様子を観察することが重要となります。薬剤への過敏性は服薬した当日から出現することが少なくありません。服薬前に比して不都合な状態が出現してきたときには、すぐに服薬を中止することが重要です。また、家族も介護に困っていることはよくわかるのですが可能な限り薬に頼らない、医師に薬の処方を希望しないことを心がけてほしいと思います。

介護のポイント

- 新しく薬を服薬する際には、注意深く患者さんの様子を観察する
- 服薬前に比して不都合な状態が生じた際には、直ちにその薬の服薬を中止する

事例15　一過性に意識がなくなるOさん

Oさんは、1年前にレビー小体型認知症と診断され抗認知症薬のドネペジルを服薬しています。

ハイ
お薬よ
ありがとう

3カ月前にデイサービス施設で一時的に意識がなくなり、救急車で病院に搬送されました。

その後、施設や自宅で何度か同様の一過性意識消失発作を起こし、家族は対応の仕方に困っています。

急に意識がなくなったとき、どうすればいいのかしら？

解説

レビー小体型認知症では、一過性の意識消失発作を示す患者さんがみられます。その原因ははっきりしていませんが、なんらかの自律神経障害が関係している可能性が考えられます。意識消失発作は、てんかん発作や徐脈《じょみゃく》（脈拍が異常に少なくなること）、低血糖発作など多くの原因で生じてきます。レビー小体型認知症でもこれらが原因で意識消失発作を生じてくる場合もありますから、医療機関でその原因を調べてもらうことが必要になってきます。

これらの原因がない場合にはじめてレビー小体型認知症に伴う一過性の意識消失発作と考えることになります。この意識消失発作は、突然生じますが、割に短時間で自然に元の状態に戻ることが特徴です。たとえば、家族団らんの最中に突然閉眼し呼びかけに答えなくなるのですが、5分ほどすると元の状態に戻るのです。はじめてこの発作を経験すると家族や周囲の人々は驚いてしまうと思います。

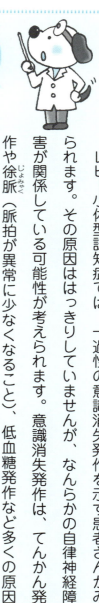

こんなときはどうする？

1

Oさんのケースのように目の前で患者さんが突然意識を失う場面に出遭うと誰でもびっくりすると思います。

患者さんがはじめて意識消失発作を起こした際には、検査を行ってその原因をきちんと確かめることが必要になってきます。たとえば、てんかん発作や徐脈が原因となって意識消失発作を起こしている場合もあります。

まず意識消失発作の原因を調べるために医療機関に相談をすることが必要になります。

2

検査を行ってもはっきりした原因がわからない場合、レビー小体型認知症では一過性の意識消失発作を生じることがしばしばあることから、その可能性を考えていきます。この意識消失発作は、一過性に生じ特別の治療を行わなくても短時間で元の状態に戻ることがほとんどです。

3

レビー小体型認知症に伴う一過性の意識消失発作が生じたときには、自然に意識が元に戻るので、家族や周囲の人々は患者さんの顔色や呼吸などをみながらしばらくそのまま状態をみていくようにします。何回も同様の意識消失発作を生じる場合には、家族や周囲の人々もその状態に慣れてくることから、冷静な対応をすることができると思います。

4

立っているときや歩行時にこの一過性の意識消失発作がみられることは稀《まれ》かと思いますが、意識を失うことで、倒れたり転んだりするので大けがをする可能性があります。横に並んで外出するなどの対策を考えていきましょう。

5

もし、意識消失発作を起こしやすい状況を把握できるならば、そのような状況を避ける工夫をするとよいのですが、実際にはいつ意識消失発作が生じるかを把握することは難しいので、発作が生じた際の対応が重要になってきます。

6

この一過性意識消失発作の存在を知らない医師は、てんかんと誤診して抗てんかん薬を処方するかもしれません。しかしながらレビー小体型認知症でみられる一過性の意識消失発作に対する薬剤はありません。いわゆるてんかん発作とは異なることから、抗てんかん薬を使用しても効果を期待することはできないと考えておくとよいでしょう。このような誤診を防ぐためにもレビー小体型認知症が疑われる患者さんは、認知症専門医療機関を受診するのが望ましいのです。

介護のポイント

- レビー小体型認知症に伴う一過性の意識消失発作は、短時間で自然に回復することがほとんど
- 家族や周囲の人々は、あわてずに冷静に対応することが大切になってくる

コラム

私は、20年以上にわたってもの忘れ外来で認知症診療を行ってきました。その間に8000名以上の患者さんを診療してきた結果、多くのことを学びました。そのひとつは患者さんが示す認知症の状態は、患者さんを介護する家族の状態に大きく影響されることです。介護する家族が病気を正しく理解できず、患者さんを叱る、怒る、放ったらかしにするなどの不適切な対応を続けている場合には患者さんの認知症はより進行し、さらに易《い》怒性《どせい》や興奮、夜間の不眠などの困った状態をもひき起こしやすくなることが多いのです。逆に患者さんの気持ちを推測し、優しく接する、手助けする、一緒に行動する家族に介護される患者さんは、穏やかな生活を継続することができるのです。そして認知症の進行も緩やかになることが多いのです。

　レビー小体型認知症を含む認知症は、現在の医学では完全に治すことができません。しかし、介護する家族や周囲の人々が上手な介護、適切な対応を心がければ、患者さんは今まで通りの生活を続けていくことができるのです。家族や周囲の人々の介護力が患者さんにとっての希望になると、私は固く信じています。

パート 3

家族の疑問や悩みごとに関する Q&A

Q1 服薬管理は、家族が行ったほうがよいのでしょうか？

レビー小体型認知症と診断された後、薬の管理は家族が行うようにします。

服薬管理は、家族が行うほうが安心

家族は、薬を飲むことくらいは患者さんだけでできると考えているかもしれません。しかし、アルツハイマー型認知症ほどではありませんがレビー小体型認知症でも、もの忘れはしばしばみられます。薬を飲んだことを忘れてまた同じ薬を飲んでしまうかもしれません。降圧剤を再度飲んでしまうと血圧が過剰に低下する可能性があります。薬の入った袋をどこかにしまい込んで、紛失してしまう危険性も考えられます。

【表4】にレビー小体型認知症患者さんにおける服薬管理の原則を示しました。

❶ 認知症がまだ軽いと思われる段階でも、家

【表4】 レビー小体型認知症患者さんの服薬管理の原則

軽微、軽度の段階	患者さんひとりに管理を任せず、家族あるいは周囲の人々が声かけや、服薬したかどうかの確認を行う。理想的には、薬剤を家族が預かるほうがよい
中等度の段階	家族が薬袋を含めた管理を必ず行う。患者さんの眼の前に薬をセットする
高度の段階	家族や周囲の人々が、ヒートシール包装や一包化された袋から薬を取り出し、患者さんに手渡しをして確実に服薬、嚥下《えんげ》をしたことを必ず確認する

族や周囲の人々が服薬時刻になったら患者さんに声かけを行ったり、服薬したことを確認するようにします。患者さんが納得するならば薬全体を家族が預かり、必要時に薬を渡すようにしたいものです。

❷ 認知症がやや進んだ時期では、家族が薬袋の預かりを含めた管理を行うべきです。そして、服薬時刻に患者さんの眼の前に薬をセットすると飲み忘れがなくなります。

❸ かなり進んだ時期では、包装された薬を袋などから取り出し、家族の眼の前で患者さんに確実に服薬してもらうようにします。なぜならば、患者さんの眼の前に置いた後、家族がその場を立ち去ると患者さんが服薬しない、薬を捨ててしまう、袋ごと服薬してしまうなどの危険性があるからです。

Q2 ひとり暮らしですが、服薬をどうしたらよいでしょうか？

ひとり暮らしのレビー小体型認知症患者さんに、毎日規則正しく薬を飲んでもらう工夫が必要です。

❶ 服薬管理に関わる工夫【表5】が必要

服薬する回数をなるべく減らすようにします。理想的には1日1回だけの服薬です。そのためには主治医にすべての薬を1日1回にできないかを相談、依頼するのがよいでしょう。ただし、医師のほうがその必要性をなかなか理解してくれずに困る場合も少なくありません。

❷ ひとり暮らしの患者さんでも同居していない家族が服薬管理に関わるようにします。理想的には毎日患者さん宅を訪問し、薬を直接渡して飲むことを確認するのがよいのですが、毎日の訪問は難しいことが多いと

【表5】 ひとり暮らしの患者さんの服薬をどう勧めるか

服薬回数を1日1回に限定し、一包化して確実に服薬できるようにする。主治医に1日1回の薬にしてもらうよう依頼する
可能ならば同居していない家族が患者さん宅を訪問し服薬介助を行う
訪問看護や訪問ヘルパーなどを利用して服薬介助をしてもらう
デイサービスなど介護施設での服薬を依頼する
お薬カレンダーなどを利用する
同居していない家族が、服薬時間に電話を入れて服薬を促したり、服薬を確認する
訪問服薬指導などの制度を利用する。設定時間に音声や画面表示を行う服薬支援ロボットも有効
毎日服薬ができなくても仕方ないという気持ちをもつことも必要（週4日、5日でも服薬できればよいと考える）

思います。

❸ 訪問看護や訪問ヘルパーを利用して、その人たちに服薬の援助を依頼する方法もあります。そのためには介護認定を受けておくことが必要です。レビー小体型認知症と診断を受けた後、デイサービスなどの公的サービスを利用する予定がなくても、いざという場合に備えて介護認定の申請だけは行っておくようにしましょう。

❹ 毎日飲む薬をカレンダーに貼り付けて服薬を進める方法もあります。記憶障害が軽度の段階では有効な方法です。

しかし、この方法の欠点は、日にちの把握に混乱が出てきた段階では、誤って飲んでしまう可能性があることです。たとえば、今日の分の薬は朝食後に服薬したのに、昼にカレンダーを見て翌日だと間違えてしまい、さらに翌日の薬を飲んでしまう危険性があるのです。

5 同居していない家族が服薬時刻に電話を入れて服薬を促す方法もあります。しかし、この方法では確実に患者さんが薬を飲んでくれるかどうかが不確実です。たとえば、電話口に出た患者さんが「わかった」と述べて電話を切った後に、その電話を受けたことを忘れてしまう可能性があるのです。

6 最も確実な方法は、訪問服薬指導、あるいは居宅療養管理指導という制度を利用することです。簡単に述べますと、保険薬局の薬剤師が患者さん宅を訪問し、薬のセットや服薬状況を確認するシステムです。レビー小体型認知症と診断を受けた後、おそらく介護認定を受けることが多いと思います。介護認定を受けた患者さんは、介護保険を利用して居宅療養管理指導を受けることになります。

この居宅療養管理指導を利用することが、ひとり暮らしの患者さんの服薬を確保できる可能性が最も高い方法だと思います。手続きなどについては、担当のケアマネジャーに依頼するとよいでしょう。

Q3 自動車の運転をしたがるのですが、どうしたらよいでしょうか？

レビー小体型認知症と診断された患者さんは、自動車の運転をしてはいけません。

自動車運転は禁止されている

2002年の道路交通法の改正によって、認知症（アルツハイマー型認知症、レビー小体型認知症、血管性認知症、前頭側頭型認知症）と診断された方は、運転免許の取り消しあるいは不交付と決められています。ですからレビー小体型認知症と診断された患者さんの自動車運転は禁止されています。家族は、患者さんに運転をさせないことが求められます。

しかし、患者さんによっては、なかなか運転をやめてくれないこともあるかと思います。その場合、患者さんに運転をやめてもらう手立てを考えていきましょう（【表6】↓次ページ）。

【表6】 **レビー小体型認知症患者さんに運転をやめてもらう対策**

認知症と診断された場合には、法律で車を運転してはいけないことが決まっていると伝えて運転をやめさせる
加齢に伴って運転技能が低下してくることや、昨今の高齢者の運転に伴う事故を話して、運転をやめるよう指導する
車の鍵を隠す、車のエンジンがかからないように工夫する、廃車にする、駐車場で運転側を車庫ギリギリに駐車する　など
物損事故で保険がきかなくなったと説明する
運転をやめた後の交通手段の代替方法を説明する。運転が日常の移動手段だった場合、代わりの移動手段をみつけてあげる必要がある
認知症が進行しないように、次の生きがいをみつけるお手伝いをする

❶ まず、家族が自動車運転は危険なこと、交通事故、特に人身事故を起こすと取り返しがつかないことを説明し、可能な限り患者さんに納得してもらったうえで運転をやめてもらうようにします。

❷ 家族の意見を聞き入れないときには、主治医に相談をしてみてください。医師から法律によって自動車の運転をしてはいけないことを告げられると、それを受け

入れてくれる患者さんもいらっしゃいます。

❸
75歳以上になると、免許更新の際に認知機能検査を受けることが義務付けられています。その検査で成績が不良な場合、認知症かどうかについて医師の診断書提出が求められます。レビー小体型認知症との診断書が出されますと、免許更新ができなくなり運転を継続することが不可能になります。

❹
自動車の鍵を取り上げる、あるいは隠す、患者さんに知らせずに自動車を手放す、車は修理中で今は自宅にないと告げるなどの対策もしばしば言われています。

しかし、このような対策では患者さんが納得をしないことが多く、「鍵を返せ」「勝手に車を手放したのはけしからん」「修理中のはずがない」などと訴え、家族との諍《いさか》いが延々と続くことにもなりますので、患者さんの様子をみながら対策を講じるとよいでしょう。

Q4 訪問販売に騙されて高価なものを買ってしまいます。予防策はありますか？

訪問販売や悪徳商法に対する対策、予防策を考えていくことが重要になります。

不要な契約をさせない予防策が必要

認知症に進展すると、記憶障害や判断力の低下から、訪問販売や悪徳商法に騙されて高価な品物や不要な契約などをしてしまうことがあります。大切なのは予防です。考えられる予防策を以下で紹介します。

❶ 日中患者さんがひとりでいると騙される危険性が高まります。デイサービスやデイケアを利用することで、日中患者さんがひとりでいる時間を、可能な限り避けるよう対策を講じます。ケアマネジャーに、日中患者さんが在宅する時間を可能な限り少なくなるような介護プランを作成してもらうとよいでしょう。

❷ 日中家族が留守をしているときに、不要な購

入契約をしてしまう危険性があります。定期的に自宅内に不要な、あるいは不審な契約書などがないかを家族が確認することが必要です。

❸ 患者さんに高額な金銭を持たせないようにします。また、自宅内で患者さんがわかる場所に金銭を置かないようにしておくとよいでしょう。訪問販売が来ても、その品物に見合う金銭を患者さんが持っていなければ売買は成立しません。

❹ 通帳や印鑑、土地や家屋に関する重要な書類などを患者さんに管理させないようにします。問題は、患者さんがそれを納得せずに、家族に通帳などを渡さない場合です。対応に苦慮することになるかと思います。

❺ 患者さんが勝手に契約した場合、その契約内容によってクーリングオフ制度が利用できます。契約を解除できる期間は8日から20日間とされていますが、契約書面を受け取った日が1日目となります。契約書面を受け取っていない場合には、いつでも解除が可能です。

❻ 成年後見制度を利用することも選択肢のひとつになります。レビー小体型認知症患者さんが独居生活をしている場合、その対策はより困難になります。なぜならば、患者さんが騙されていることを把握することが難しいからです。隣人や知人、民生委員などが、患者さんの生活状況や行動に異変を感じることが対策や予防の始まりになります。

Q5 デイサービスの利用を嫌がります。どのように勧めたらよいでしょうか？

デイサービス利用の必要性、その楽しさを伝えて利用を勧めます。利用の無理強いをしてはなりません。

デイサービスの利用は、本人の意思を尊重する

レビー小体型認知症に限らず認知症と診断を受けた後、デイサービスやデイケアなどを利用したいと家族は希望することが多いと思います。そのときにすんなり利用してくれない、あるいは利用を拒否する患者さんがいます。以下でデイサービスなどを利用してもらう方法を考えてみます。レビー小体型認知症では、パーキンソン症状による動作緩慢や歩行障害を伴うことが多いので、リハビリテーションが主体となるデイケアを利用するとよいでしょう。

❶ まず患者さんがなぜ利用を嫌がるのか、あるいは拒否するのかの理由を把握すること

です。患者さんとしては、「自分は認知症ではないし、そんなところを利用する必要がない」「デイサービスという言葉の意味がわからないので、なにか怖いことをするのではないか」「見知らぬ人間がたくさんいる場所は好きではない」「自分はほかにやることがたくさんあるから、そんな場所に行っている暇はない」などと考えているかもしれません。

❷ 主治医の先生からデイサービスなどの利用を勧めてもらうようにします。医師の言うことならば聞き入れてくれる患者さんが少なくないからです。一度、主治医に相談してみるとよいでしょう。また、ケアマネジャーや知人に利用を誘ってもらう方法もあります。

❸ 一度見学に行きませんかと伝えて、家族が一緒にその施設を見に行くようにします。直接施設を見学すると、患者さんによっては喜んで利用してくれることもあります。患者さんひとりではなく配偶者も一緒に利用することで、患者さんが利用を開始してくれる場合もあります。

❹ 患者さんとデイサービス利用施設との相性もあるようです。社交的でおしゃべりをしたい患者さんは利用者の多い施設が合っているでしょうし、どちらかと言うと非社交

的、ひとりでいることを好む患者さんでは、少人数でアットホームな雰囲気の施設を選ぶようにします。

❺ 買い物に行こうなどと騙してデイサービス施設などに連れて行くのはやめたほうがよいでしょう。むりやり利用させることはまず不可能です。患者さんが理解する、あるいは納得したうえで利用を勧めるようにしたいものです。そして一度デイサービスなどを利用し、楽しい、嬉しい、おもしろいなどと感じてもらうと利用の継続が可能になるのです。
ひとりでの利用を嫌がる場合には、利用開始時に家族が施設で一緒にいるようにし、慣れてくるにしたがって一緒にいる時間を半日、さらに数時間と減らしていき、最後は玄関先で見送りをするといった段階を経ると利用しやすいでしょう。

❻ どうしても利用を嫌がる、拒否する患者さんでは、その時点での利用を一時あきらめるようにします。そして時期をみて再度利用を勧めるようにしてみましょう。

Q6　医療費が家計の負担になっています。なにか良い手立てはあるのでしょうか？

利用できる医療制度として、自立支援医療制度と精神障害者保健福祉手帳の申請が考えられます。

自立支援医療制度とは

自立支援医療制度は、心身の障害を除去・軽減するために通院する際、その医療費の自己負担分を軽減する公費負担医療制度であり、レビー小体型認知症を含む認知症患者さんはこの制度に該当します。

一般に医療機関に通院していると、70歳未満では通常3割負担となりますが、自立支援医療に認定されますと患者さん本人の自己負担は基本的には1割となります。

たとえば、医療費で1万円かかるとすると普通ならば3千円が自己負担金となりますが、自立支援医療に認定されていると千円の自己負担ですみます。さらに患者さんの世帯収入（所得区分）によって自己負担金の上限が定められています。

申請は、住民票のある市町村の担当窓口で行います。認定のためには医師の診断書が必要ですので主治医の先生に依頼してください。

自立支援医療制度によって医療費の助成を受けられるのは、「指定自立支援医療機関」での医療に限定されています。ですから診療を受けている医療機関がこの指定を受けていないと、この制度を利用することができないので注意が必要です。

精神障害者保健福祉手帳の交付を受けることもできる

精神障害者保健福祉手帳は、一定程度の精神障害の状態にあることを認定するもので、精神障害者の自立と社会参加の促進を図るために、手帳を持つ人々にはいろいろな支援策が講じられています。

レビー小体型認知症を含む認知症患者さんは、この手帳の交付を受けることができます。この手帳による医療費の免除、あるいは控除については、都道府県によってその額が異なっていますので、住んでいる市町村の担当部署で確認してください。患者さんによっては、入院あるいは外来での診療費の自己負担分が全額免除されることもあります。

精神障害者保健福祉手帳を持つことで受けられるサービスは他にもありますが、全国一律のものと各地域や事業者が定めるものの2種類があります。

前者としては、公共料金の割引、NHK受信料の減免、税金の控除・減免措置（所得税、住民税の控除、相続税の控除）などです。

後者では、公共料金等の割引（鉄道、バス、タクシー等の運賃割引）、上下水道料金の割引、公共施設の入場料等の割引、福祉手当などがあるようです。

手帳の申請は、市町村の担当窓口で受け付けてくれます。

手帳の交付には医師の診断書が必要ですが、作成できる医師は精神保健指定医、あるいは精神障害の診断または治療に従事する医師となっています。ですから、精神障害を専門としない医師の外来では診断書作成は難しいと思われます。その際には近隣の認知症専門医療機関を紹介してもらうとよいでしょう。

Q7 成年後見制度とは、どんなものですか？

成年後見制度は、認知症患者さんの不動産や預貯金などの財産を保全・管理する、施設入所の契約を結ぶなどの援助を行うことで、患者さんを保護・支援する法律制度です。

成年後見制度で患者さんの資産を守る

成年後見制度は、認知症の重症度によって後見（認知症が高度）、ならびに保佐（認知症は中等度）、補助（認知症は軽度）に分かれています。

たとえば、後見人に認定されると、日常生活に関する行為（近くの店でお菓子を買うなど）は患者さんができますが、それ以外の金銭や財産に関わる行為（たとえば、高価な布団を購入するなど）は後見人の同意がなければ行うことができなくなります。

後見人に認定されると、訪問販売などで患者さんが騙されて結んだ契約を、後見人が取り消すことができるようになります。

【表7】　後見人などが行うべきこと・行えること

1. 被後見人（患者さん）の財産の把握とその管理
2. 日常生活を遂行するうえで必要な生活費や預貯金の管理
3. 介護や生活に関するサービスなどの利用契約、費用の支払いの代行
4. 介護福祉施設などへの入退所の契約や費用の支払い、処遇の監視など
5. 悪徳商法や訪問販売からの財産などの保護（不必要な契約の解除など）
6. 住宅の確保、修繕などの支払い、賃貸の支払い
7. 家庭裁判所への後見事務の報告

【表7】に後見人などが行うべきこと・行えることを示しました。

成年後見制度を利用したいと考える際には、最寄りの家庭裁判所に相談をするとよいでしょう。以前は医師の診断書以外に専門医師による鑑定書（比較的高額な鑑定料が求められていました）が必要なことが多かったのですが、現在は成年後見制度の利用促進のために診断書は簡素化され、鑑定書も不要な場合が多いようです。

この制度の詳細を知りたい方は、ホームページで「成年後見制度」をキーワードに検索するとよいでしょう。多くの情報を得ることができます。

●著者

川畑 信也（かわばた のぶや）

八千代病院神経内科部長、愛知県認知症疾患医療センター長。昭和大学大学院（生理系生化学専攻）修了後、国立循環器病センター内科脳血管部門、秋田県立脳血管研究センター神経内科を経て、2008年八千代病院神経内科部長、2013年愛知県認知症疾患医療センター長兼任。1996年から認知症の早期診断と介護を目的に「もの忘れ外来」を開設し、現在までに8,000名近い患者さんの診療を行ってきている。2015年から愛知県公安委員会認定医（運転免許臨時適性検査）、2016年4月から愛知県安城市認知症初期集中支援チーム責任者、2018年2月から愛知県の西尾市ならびに知立市の認知症初期集中支援チームのアドバイザー兼務。

所属学会：日本神経学会、日本脳血管・認知症学会、日本脳卒中学会、日本認知症学会、日本神経治療学会、日本神経心理学会など。

●装丁　インディゴデザインスタジオ

●イラストレーター　たむらかずみ

●編集協力・DTP　オフィスミィ

第二の認知症　レビー小体型認知症がわかる本

～ 家族や介護従事者はどう接すればよいか ～

令和元年11月20日　初版発行

著　者　川畑信也

発行者　東島俊一

発行所　株式会社 法研

〒104-8104　東京都中央区銀座1-10-1

電話 03（3562）3611（代表）

http://www.sociohealth.co.jp

印刷・製本　研友社印刷株式会社

0102

ISBN 978-4-86513-665-4　定価はカバーに表示してあります。